TBS FM
김필수의 「교통시대」 쓴소리 모음집

자동차·교통
60초
쓴소리
sorry

GoldenBell

급변하는 모빌리티 신세계,
그러나 안전을 담보로 한다.

    기존 자동차의 개념이 미래형 모빌리티로 확산, 재평가되기 시작했다. 워낙 급변하는 요소가 증가되면서 과거의 10년이 앞으로의 1년보다 느리다고 할 정도로 빠르게 급변하는 분야가 바로 자동차 개념을 뛰어넘는 「미래형 모빌리티」라 할 수 있다.

    미래 모빌리티는 전기차 같은 무공해차에 자율주행 기능과 이를 혼합한 공유모델이 다양하게 출시되면서 미래 먹거리를 잡기 위한 움직임이 가속화되고 있다. 모빌리티 자체도 고부가가치 부품으로 인지되면서 비즈니스 모델로 극대화되고 있다.

    이에 따른 미래 주도권을 잡기 위해 적과의 동침은 물론 이종 간의 합종연횡도 다각도로 이루어지고 있다.

    하지만 이동수단의 전제조건은 「안전」이라 할 수 있다. 아무리 좋은 모빌리티라 하여도 결국 안전이 전제되어 있지 못하면 도태되고 외면되기 때문이다. 그래서 미래 먹거리의 중심이면서도 함부로 접근하기 어려운 분야가 바로 모빌리티라 할 수 있다. 물론 기존 내연기관차 대비 부품이 과반인 전기차의 경우 모듈별로 되어 있기 때문에 일반 내연기관차보다 접근방법은 매우 광범위하다.

    이렇게 급변하는 모빌리티에서 앞서 언급한 안전이 전제되고 일상생활과 밀접한 사회적 모빌리티가 다양해지면서 우리의 실생활도 더욱 크게 변모할 것으로 예상된다. 물론 머지 않은 미래에 우리가 직접 운전하지 않고 자율주행에 맡겨 차량 안에서 편하게 즐기고 먹으면서 정보습득을 하는 다양한 비즈니스 모델도 출시될 것이 확실시 되고 있다.

여기에 방임할 수 없는 것은 '운전자의 안전의식'이 필수이다. 아직도 많은 교통사고와 생각지도 못한 사고가 즐비하고 전쟁보다 더욱 많은 사망자를 기록하고 있는 영역이 바로 교통사고이기 때문이다. 이를 위한 운전자의 자세와 안전의식은 물론 각종 제도와 법적 개선은 물론이고 선진형 인프라 구축 등 다양한 안전 시스템이 구현되고 있다는 것이다.

본 책자는 필자가 그 동안 엮었던 칼럼집 중 9번째 칼럼집이다. 기존 칼럼집과 달리 이번 책자는 필자가 tbs 교통방송(95.1MHz)에서 주말 시사 프로그램 '교통시대'의 진행을 맡으면서 언급하였던 '김필수의 자동차 쓴소리 60초'라는 프로그램에서 언급한 축약형 칼럼이라 할 수 있다.

급변하는 국내외 자동차 산업 및 문화는 물론 유통과 시스템을 포함하여 교통에 이르기까지 이른바 '바퀴가 붙어 있는 모든 것'이라는 명칭에 어울리게 다양한 시선으로 냉정하게 서술한 쓴소리라 할 수 있다. 특히 짧지만 강렬하게 최근 자동차와 교통 등에서의 급변 요소와 흐름을 인지하는데 도움을 줄 것으로 판단된다.

더욱이 일반 자동차, 이륜차, 중고차, 친환경차, 자율주행차, 마이크로 모빌리티 및 퍼스널 모빌리티는 물론 교통 시스템에 이르기까지 다양한 시각으로 굵고 짧게 판단한 글인 만큼 세련되지 못하였지만 관계자에게 조금이나마 울림이었으면 한다. 물론 아직 설익은 글과 투박한 부분은 독자들께 많은 이해를 부탁드리며, 많은 질책과 격려를 바라면서 이 글을 올리고자 한다.

2021년 3월
저자 김 필 수

차 례

60초 쓴소리

20 16

60초 쓴소리

20
19

VEHICLE

TRAFFIC

60초 쓴소리

2015년

소비자는 언제까지 볼모여야 하는가!

자동차에 대한 소비자 불만이 점차 높아지고 있습니다. 최근 연비문제 뿐만 아니라 신차에 대한 리콜 늦장이나 소비자 보호에 대한 미적미적한 대처로 소비자의 신뢰를 잃어가고 있죠.

신차에 문제라도 발생하게 되면 하소연 할 곳이 없는 것이 국내 현실입니다. 유일한 기관인 한국소비자원은 설사 제작사 자동차의 문제가 확인되어도 권고로 끝나 실질적인 조치는 매우 미흡한 실정이죠.

신차는 애물단지가 되고 중고차 가치는 떨어지고 정신적 스트레스는 극에 달하기도 합니다. 이럴 때일수록 정부는 나서서 소비자 보호에 나서야 합니다.

미국 등과 같은 적극적인 소비자 중심의 보호 및 배려가 가능한 공공기관이 필요한 시점이죠. 미국의 징벌적 보상까지는 아니어도 자동차 분야의 소비자 보상체계를 위한 제도적 기반은 필수적입니다.

세계 선진시장은 소비자 중심으로 제도나 시스템이 바뀌고 있습니다. 이에 걸 맞는 자동차 소비자 보호 대책을 강력히 구축하여야 할 것입니다.

이륜차도 어엿한 교통문화

이륜차는 분명히 공로상公路上에 다니는 교통수단의 하나입니다. 당연히 자동차관리법에 한 영역을 차지할 정도로 중요도가 높습니다.

선진국에서는 당연히 하나의 기동성 있는 교통수단의 하나로 인정하고, 관련제도 및 시스템은 물론 교통 인프라도 함께 배가되도록 노력하고 있고 운전자들도 서로를 배려하고 있습니다.

그러나 우리는 그렇지 못합니다. 운전면허, 보험제도, 검사제도, 정비제도의 미흡은 물론이고 폐차제도는 아예 없습니다. 관련 교통 인프라도 아예 없습니다. 이륜차 관련 사고라도 발생하면 모두가 피해자가 됩니다. 국내 이륜차 문화는 아예 없다고 단언합니다. 더불어 국내 이륜차 산업도 고사 위기입니다.

관심이 없기 때문이죠. 주차문화, 배려는 고사하고 두려움의 존재가 되었습니다. 폭주족은 부정적인 인식의 대명사가 되었습니다. 이제는 바뀌어야 합니다. 선진 사례를 벤치마킹하여 한국형 선진 사례를 정립하여야 합니다. 산 · 학 · 연 · 관은 물론 국민들도 함께 노력하여야 하는 시점입니다.

운전면허 간소화의 뒷이야기

　자동차 운전면허는 공로상에 다른 사람의 생명을 담보로 하는 생명 면허 증입니다. 그 만큼 높은 신뢰성과 확신할 수 있는 절차가 중요하다고 할 수 있습니다.

　그러나 지난 정부에서 '운전면허 취득 간소화'라는 명목으로 취득 절차가 생략되면서 여러 문제가 발생하고 있습니다. 간소화 이후 신규면허 취득자의 교통사고 증감 논란, 도로연수 증가로 인한 비용 증가, 유명무실한 기능 시험의 개선, 고령자 교통사고 증가로 인한 대안 마련 등 한두 가지 문제가 아닙니다.

　국내에 거주하는 중국 국적의 조선족의 취득을 고려해도 중국 국적의 국내 운전면허 취득자가 급증하여 논란도 발생하고 있습니다. 예전의 간소화 명목이 무엇인지 정확히 인지하고 선진형으로 개선하여야 합니다.

　선진국에서는 다른 제도와 달리 운전면허는 생명을 다루는 자격증인 만큼 시험절차나 기간은 길어지고 있습니다. 설사 운전면허 제도 개선 용역이 끝나도 제대로 개선되지 못하는 것은 심각한 문제가 아닌가 합니다. 하루 속히 심각한 문제점을 개선할 수 있는 제도적 조치가 하루 속히 이루어지기 바랍니다.

과연 자동차 급발진 사고는 없을까요?

자동차 급발진 사고 아시죠?

심심찮게 등장하여 사회적으로도 관심이 높고 두려움의 대상입니다. 그 만큼 누구에게나 등장할 수 있고 사망까지 이를 수 있는 자동차의 어두운 뒷면입니다.

물론 제작업체는 급발진은 없다고 하고 있고 정부에서도 지금까지 증거가 없다고 하고 있습니다. 물론 급발진 문제로 소송을 건 사람들은 모두가 패소했습니다.

과연 급발진은 없을까요?

가장 큰 문제는 지금까지 운전자의 실수인지 자동차의 결함인지를 확실하게 밝혀줄 장치가 없었기 때문입니다. 혹시라도 자동차 급발진 사고가 발생할 경우 지금의 기술로 충분히 확인할 수 있는 장치의 상용화는 가능하다고 할 수 있습니다. 운전자의 입장에서는 가속페달과 브레이크 등을 어떻게 동작시켰는지가 관건입니다. 이것을 포함하여 자동차의 동작 특성도 확인이 가능할 것입니다.

우리나라에서는 아예 없다고 간주하여 급발진 발생 시 대비책 조차도 알려주지 않고 있습니다. 하루속히 급발진에 대한 책임소재가 밝혀져 억울한 피해자가 발생하지 않는 것은 물론 속 시원한 원인까지 밝혀지기를 바랍니다.

아직도 안전벨트를 매지 않나요?

안전벨트 매고 계시죠?

항상 얘기하는 것이 안전벨트는 **생명벨트**라고 하면서도 막상 자신은 매지 않는 경우가 많다는 것입니다.

한동안 안전벨트 매기 운동과 단속이 이어지면서 90%까지 안전벨트 장착이 많아지다가 최근에는 장착비율이 많이 떨어졌습니다.

장착하면 답답하다든지 귀찮기도 하고 나는 괜찮다고 생각하는 안이한 생각을 가지기도 합니다. 혹시나 에어백을 너무나 믿는 것은 아닌지요. 에어백은 안전벨트를 장착하지 않으면 의미가 희석됩니다. 안전벨트를 장착하여야 에어백이 동작되면서 최대한의 보호를 해주는 것입니다.

안전벨트를 장착해도 느슨하게 집게로 잡는다든지 형식적으로 장착하거나 제대로 장착되지 못하면 부상의 정도를 키울 수 있습니다.

특히 아이들을 앞좌석에 탑승시키는 것은 절대로 하지 말아야 하며, 뒷좌석이 안전하다고 탑승시키고 안전벨트를 장착하지 않으면 더 큰 부상을 입을 수 있고 심지어 치명적일 수 있습니다.

무조건 탑승을 하게 되면 전 좌석 안전벨트를 장착하는 습관이 가장 중요하다는 것을 꼭 인지하기 바랍니다.

여유로운 운전

운전할 때 항상 불안하다고 느끼시는 분 많으시죠? 운전을 잘 하는 사람도 도로 상에서는 위기가 올 경우가 간혹 있습니다. 식은땀이 흐를 정도로 아찔한 경우 누구나 있을 것입니다.

그 만큼 우리 운전 문화는 급하고 거칠며, 양보가 적은 사회입니다. 모든 것이 급한 사회지만 운전만큼은 여유가 필요한데 말이죠.

바로 우리의 3급 운전이 문제입니다. 이른바 '**급출발, 급가속, 급정지**'를 일컫습니다.

아침에 출근할 때 시동을 걸자마자 정신없이 나가고 앞뒤 차의 간격은 좁힐 대로 좁혀서 차량 한 대도 끼어들지 못하게 합니다. 속도는 과속이고 여유가 없습니다. 그리고 정신없이 주차하고 또 하루를 보냅니다. 이러다가 접촉사고 내지는 더 큰 사고도 유발됩니다.

OECD국가 중 아직 최상위권 교통사고 국가이고 어린이 사망률도 수위를 달립니다. 우리가 항상 강조하는 에코드라이브는 우리말로 **친환경 경제운전**을 말합니다.

여러 가지 방법이 있지만, 무엇보다 여유 있는 운전, 한 템포 느린 운전을 말합니다. 오늘부터라도 출근할 때 앞뒤 차의 간격을 늘리고 차량 한두 대 끼워주는 여유 있는 운전은 어떠신지요?

스쿨존은 안전시대?

골목길 운전을 무의식적으로 하신 적 많으시죠. 어느 순간에는 깜짝 놀라기도 하고 식은땀이 흐리기도 합니다. 순간적으로 자전거가 갑작스럽게 등장하기도 하고 아이가 뛰어나오기도 합니다. 역시 골목길은 서행 운전을 하면서 주변을 잘 살피면서 진행하여야 합니다.

이와 유사한 경우가 어린이 보호구역, 즉 스쿨존입니다. 시속 30km 미만으로 운행하여야 하지만 실제로는 훨씬 높은 속도로 운행하는 경향이 많습니다. 그래서 그런지 우리나라의 10만 명 당 어린이 사망자 수는 OECD국가 중 최고 수위라 하고 있습니다.

운전도 험하고 거칠지만 아침 등교시간에 교문 앞까지 가서 내려주는 습관도 실상화되어 있습니다. 이러다보니 아이들이 등교하면서 방해를 받기도 하고 위험한 경우도 많이 발생합니다.

스쿨존은 교문에서 300m이내를 지칭합니다. 따라서 스쿨존 밖에서 아이들을 내려주고 걸어가게 만드는 방법이 안전하면서도 자립심을 심어주는데 좋다고 할 수 있습니다. 스쿨존은 어린이들에게 성역이고 어른에게는 가장 보호하여야 하는 영역입니다. 속도부터 늦추는 것 어떠신지요.

제발 **횡단보도 정지선**은 **지킵시다!**

횡단보도 정지선, 얼마나 지키고 계신지요?

예전에 한 TV에서 차량 정지선 지키기 관련 프로그램이 방송되면서 한동안 횡단보도 차량정지선에 대한 관심이 매우 높아졌고 이에 따른 정지선 지키기가 남다르게 좋아지기도 했습니다.

그러나 현 시점에서 차량 정지선을 얼마나 지키는가를 자세히 살펴보면 생각 이상으로 지키지 않는 사람이 많습니다. 슬금슬금 나가면서 어느덧 횡단보도를 넘기도 하여 보행자를 위협하기도 합니다. 횡단보도를 건너는 보행자 입장에서는 다가오는 차량이 상당히 위협적으로 느끼는 경우가 많습니다.

실제로 자동차 교통사고 중 횡단보도에서의 보행자와 차량과의 접촉사고가 상당히 많다는 보고도 있습니다. 우리는 차량 정지선을 지키지도 않는 경우가 많기도 하고 횡단보도와 정지선이 너무 가깝게 그려져 있습니다.

일본 등 선진국의 경우 횡단보도와 정지선이 상당히 떨어져 있어서 근본적으로 보행자와 차량 사이의 거리를 인위적으로 띄어 놓기도 합니다. 안전을 우선 생각하는 것이죠. 이제는 운전자의 안전법규 준수도 중요하고 더불어 교통 인프라도 더욱 개선되어 실질적인 교통사고를 줄이는 효과가 있었으면 합니다.

과속 방지턱이 때로는 불편…!

과속방지턱을 지나가다 깜짝 놀란 경험 있으신지요? 누구나 여러 번의 경험은 있을 것입니다.

과속방지턱의 목적은 속도를 늦추어야 하는 지역에 설치하여 과속을 방지하고 안전한 운행을 위하여 설치하는 안전장치의 하나입니다. 따라서 과속방지턱은 과속으로 인한 사고방지를 위한 중요한 수단임에 틀림이 없습니다. 특히 어린이 보호구역 등 저속으로 운행하여야 하는 지역의 필수적인 조건이라고 할 수 있습니다. 법적으로 길이는 3.6m, 높이는 10cm 로 규정되어 있습니다. 물론 폭 6m 미만의 소로에서는 기준보다 낮게 할 수 있습니다.

문제는 지자체별로 과속방지턱을 임의로 설치하고 도색 등도 미흡하고 관리가 소홀하여 도리어 흉기로 작용하는 경우도 많다는 것입니다. 경우에 따라 속도를 줄이지 못하고 하체가 크게 손상되거나 사고로 이어진 경우도 있습니다.

과속방지턱은 분명히 안전에 큰 영향을 주는 중요한 수단이나 필요 없이 규정과 달리 설치하는 경우에는 도리어 위험한 흉기가 될 수 있습니다. 필요 없는 곳은 철거하고 꼭 필요한 곳에 규정대로 설치하는 관리가 이루어 져야 할 것입니다.

보복운전은 분노조절장애자?

보복운전, 난폭운전 들어보셨죠? 최근 이슈화되면서 사회적으로 관심이 증폭되었습니다.

운전 중 감정을 못 이기고 다른 차를 한쪽으로 밀어내거나 앞쪽으로 추월하여 급정지를 하는 등 다양한 방법으로 위협하는 범죄행위와 같습니다. 실제로 사고도 많이 발생하구요. 분을 이기지 못하여 감정 절제가 되지 못하는 사회적 병폐입니다.

최근에 이러한 보복운전에 대하여 경찰에서도 강력하게 대처하고 있습니다. 범죄행위로 간주하여 범칙금 부과가 아닌 교통방해죄, 흉기소지죄 등으로 강력하게 처벌하고 있습니다. 미국 등 선진국에서는 보복운전은 그 자리에서 수갑을 채우고 구속수사를 원칙으로 하고 있습니다. 국내에서도 보복운전으로 1년 6월의 징역형에 처해진 경우도 있습니다.

보복운전은 단순히 본인에게만 문제를 일으키는 것이 아니라 주변 모든 사람의 안전에 직접적인 영향을 줄 정도로 자동차를 흉기로 사용하는 경우와 같습니다. 한 템포 느린 운전, 여유 있는 운전, 양보 운전으로 근본적으로 보복운전이나 난폭 운전이 사라졌으면 합니다. 여유를 가지시기 바랍니다. 최소한 비상등을 켜서 미안하다는 표시를 해도 대부분의 보복운전을 피할 수 있습니다.

카시트는 아이의 생명을 보장합니다

카시트를 장착하고 계시죠. 6세 미만의 아이들의 경우 의무적으로 카시트를 장착하여야 합니다. 물론 아이들의 성장에 따라 신체의 크기가 다르므로 몸에 맞게 카시트를 활용하는 것이 더욱 중요합니다. 그러나 우리나라의 경우 전체 중 약 30%를 갓 넘는 정도의 차량에만 카시트를 장착하고 있습니다.

아직 3명 중 2명이 어린 아이임에도 불구하고 그대로 차량에 탑승하고 있다는 뜻입니다. 혹시라도 급제동이나 접촉사고가 발생하면 아이는 너무나 위험합니다. 튕겨나가서 바로 사망할 수도 있습니다. 법적 의무나 남의 눈을 의식하기 보다는 내 아이의 안전을 위해서라고 바로 구입하여 장착을 해주어야 합니다.

아직도 앞좌석에 아이를 앉히거나 안고 있기도 하고 카시트를 앞좌석에 장착하기도 하는데 모두 위험하고 절대로 하지 말아야 합니다. 아이들이 귀찮아하더라도 뒷좌석 카시트에 앉지 않으면 탑승할 수 없다고 훈련시키는 것이 필요합니다. 아이의 몸에 맞는 카시트 장착, 생명과 직결된다는 생각을 가지기 바랍니다. 아이를 사랑한다면 카시트부터 장착하시죠.

중고차를 구입하셨나요?

중고차 구입 해본 적 있으신지요? 국내 연간 중고차 거래규모는 약 380만 대, 30조원 시장입니다. 어마어마한 규모이죠. 그 만큼 소비자가 많이 찾고 있다는 반증입니다.

그러나 소비자는 항상 불안합니다. 구입하고자 하는 중고차가 과연 제대로 된, 사고가 없는 중고차인지 항상 의심을 합니다.

실제로 매년 한국소비자원에 신고되는 중고차 구입 불만건수는 매년 증가하고 있습니다. 그 만큼 불신이 크다는 뜻이죠. 그래서 믿고 살 수 있는 시스템이 구축되어야 합니다.

사업자를 통해서 중고차를 구입할 때 1개월, 2천km를 법정 보증하는 시스템도 문제점을 개선하여 중요한 품질보증 수단으로 자리매김하여야 합니다. 감독부서는 문제가 있는 기관은 확실히 퇴출하여 신뢰를 높여야 합니다. 인터넷상에 떠도는 허위나 미끼매물도 퇴출하여 피해자를 줄여야 합니다.

위장 당사자 거래로 인한 문제점도 매매사원 교육과 관리로 정확히 바로잡아야 합니다. 조금만 노력하면 믿고 살 수 있는 선진 중고차 시장은 분명히 가능합니다. 관련 단체나 정부는 더욱 노력하여야 합니다. 부동산 다음으로 큰 재산인 자동차의 거래를 안정시키는 몫은 바로 정부의 몫입니다.

졸음운전은 **염라대왕**을 **친견**합니다

졸음운전의 위험성은 아실 것입니다. 특히 봄철의 경우 졸음운전으로 큰 사고가 나는 경우가 많습니다. 졸음운전으로 인한 사고 발생 시 사망률이 약 90%에 이른다고 합니다. 치명적이라는 것이죠. 순간적으로 사고가 발생하면서 졸음으로 적극적인 대처를 하지 못해 사고의 정도가 클 수밖에 없습니다.

더욱이 자신에게만 사고가 발생하는 것이 아니라 다른 차량에도 사고를 유발시켜 더욱 큰 사고로 이어진다는 것입니다. 운전 중 졸리면 허벅지가 멍들 정도로 꼬집어도 잠을 쫓을 수가 없습니다. 역시 졸음이 오면 휴게소 아니면 최근 많이 설치되어 있는 졸음 쉼터로 안전하게 주차시켜 쉬거나 잠시 잠을 청해도 좋습니다.

특히 나들이가 많은 경우 점심 이후 오후가 되면 졸음이 쏟아지는 경우가 많습니다. 적절히 쉬고 무리하지 않게 운전하여야 하고 조수석에 있는 사람과 교대 운전해도 좋습니다. 졸음엔 왕도가 없습니다.

교통안전에 가장 중요한 요점은 바로 봄철 졸음운전인 만큼 항상 주지하고 최상의 운전 컨디션을 유지하기 바랍니다.

무분별한 튜닝

자동차 튜닝 들어보셨죠? 그 동안 튜닝하면 부정적인 인식이 강하여 시끄러운 소음이나 보기 흉한 외모 등 나쁜 것의 대명사였습니다.

그러나 2013년 말부터 정부에서 새로운 먹거리의 일환으로 자동차 튜닝을 선진형으로 바꾸어 새로운 먹거리를 만들고자 노력하고 있습니다.

이미 선진국에서는 자동차 튜닝은 새로운 자동차 산업으로 자리매김하여 별도의 대규모 산업으로 변모한지 오래입니다.

우리도 노력하면 약 5년 이후에 약 4조~5조원 시장은 물론 실과 바늘의 관계인 모터스포츠 분야도 2조원 시장이 더 확보될 것으로 예상하고 있습니다.

자동차 튜닝은 새로운 기술을 개발하고 자동차의 부가가치를 높이며, 자동차 문화를 풍부하게 만드는 역할을 충실히 할 수 있습니다. 실제로 제대로 된 튜닝을 하면 외부나 특징 모두 멋진 자동차로 변모할 수 있습니다.

그 동안의 부정적인 인식은 버리시기 바랍니다. 아직 할 일이 많은 만큼 후진적인 개념과 시스템을 버리고 선진국을 벤치마킹하여 선진형 한국형 모델이 하루속히 정립되었으면 합니다. 정부의 역할이 가장 크다고 할 수 있으나 아직은 매우 미흡한 만큼 더욱 노력해야 합니다.

전기차는 미래의 먹거리

전기차 타보셨는지요? 지금까지 공급된 전기차는 10만 여대에 불과합니다. 그나마 최근 3~4년 사이에 주로 보급되어 이제야 시작이라고 할 정도입니다. 그러니 그 동안 국민들이 탑승해보거나 경험해볼 수 있는 기회가 없어서 부정적인 시각이 강했습니다. 장점보다는 단점이 부각되어 가격이 고가이고, 충전기가 없어서 운행하기 어렵다 등 다양한 문제만 부각되었습니다. 최근 가시적인 효과가 나타나서 상당히 긍정적으로 보기 시작한 부분은 의미가 크다고 할 수 있습니다.

이미 선진 각국에서는 불편한 부분을 감소시키기 위한 각종 노력을 기울이고 있고 특성에 맞추어 많은 전기차가 보급되고 있습니다. 우리만 그 동안 멈추어 있었다고 할 수 있습니다. 중국은 아예 기존 내연기관차를 대신하는 차종으로 전기차를 선정하여 최선을 다하고 있습니다. 즉 중국은 전기차를 성장동력 중 핵심이라고 간주하여 정부 차원에서 강력한 정책을 시행하고 있고 민간도 적극적으로 호응하는 입장이어서 하루가 다르게 변모하고 있습니다.

우리는 아직도 해결과제가 많습니다. 헤매고 있는 부분도 많습니다. 주무부서인 컨트롤 타워도 재정리가 필요하고 더욱 체계적이고 멀리 보는 시각도 요구된다고 할 수 있습니다. 국내 제작사는 이제야 본격적인 준비를 하고 있다고 판단되고 있습니다. 이제라도 매진하여 미래의 먹거리를 놓쳐선 안될 것입니다. 한국형 선진 모델을 재정비하여야 할 시기입니다.

자동차에 안전용품을 비치

자동차 안전용품에 대하여 귀가 달토록 들어보셨을 것입니다. 자동차는 운행 중 누구나 안전에 심각한 위험을 초래할 수 있는 경우가 간혹 발생하곤 합니다.

특히 가장 위험한 경우는 야간 고속도로 1차선에서 시속 100km 정도에서 시동이 순간적으로 꺼지는 경우입니다. 아찔한 정도가 아니라 생명이 왔다 갔다 하는 경우이죠.

물론 자동차 화재나 운행 중 순간적으로 타이어가 터지는 경우 등 다양한 경우도 있습니다. 이 경우 안전조치를 취하는 방법의 인지도 당연히 필요하지만 무엇보다도 우선 자동차 안전용품을 적절히 사용하는 것입니다.

안전 삼각대는 기본이죠. 법적으로 없어진 설치 거리나 상황을 고려하여 적절한 위치 설정은 안전에 중요한 역할을 합니다. 물론 잘 보여야 하고 필요하면 섬광신호도 함께 준비하면 더욱 좋습니다.

또한 유리를 깨는 망치와 가위도 필요합니다. 물에 차량에 빠지거나 기타 위험한 순간에 차량 유리를 깨고 얽힌 안전벨트를 가위나 칼날로 자를 수도 있습니다. 화재 초기진압을 위하여 소화기도 필요합니다. 모두가 운전석 근처에 놓아서 바로 사용할 수 있는 위치선정도 중요합니다. 하나하나가 생명과 직결된 핵심 필수 용품입니다. 꼭 준비하시기 바랍니다.

에코 드라이브는 1석 3조

자동차 연료값이 부침을 거듭하고 있습니다. 연료값이 하강하면 가계에 대한 부담을 줄여주다가 다시 보이지 않게 올라가면 큰 가계 부담으로 작용하기 시작한다는 것입니다.

우리는 연료의 약 97%를 해외에서 수입하는 해외 의존형 국가입니다. 그러나 생각 이상으로 연료 절약 등에는 그리 관심이 크지 못합니다. 대표적인 수단인 자동차를 통한 연료 낭비는 매우 큰 편이고 급출발, 급가속, 급정지 등 이른바 3급 운전은 매우 심한 편입니다. 모두가 연료 낭비하는 습관이라는 것입니다. 교통사고도 OECD국가 가장 높은 국가 중의 하나입니다. 많은 노력을 기울이고 있고 효과도 있지만 근본적인 문제 해결이 중요합니다.

이러한 각종 악조건을 극복할 수 있는 방법이 바로 에코드라이브입니다. 즉 친환경 경제운전을 뜻합니다. 다양한 방법이 제시되고 있지만 한 마디로 한 템포 느린 운전, 여유 있는 운전을 뜻합니다.

에너지 절약과 이에 따른 이산화탄소 저감, 그리고 교통사고 감소라는 1석 3조의 효과가 바로 에코드라이브입니다. 산·학·연·관, 그리고 국민이 함께 지속적으로 노력해야 하는 이유입니다.

가족을 동반한 여름휴가

매년 생각지도 못한 각종 재해 등으로 대한민국은 홍역을 치루고 있지만 항상 돌아오는 것이 본격적인 여름휴가 철이죠. 역시 가족과 함께 하는 장거리 국내 여행이 많을 것입니다. 가족과 동반하는 만큼 무엇보다도 안전에 유의를 하여야 하겠죠.

준비해야 할 것도 많습니다. 아이들을 위한 먹거리, 즐길거리는 물론이고 미리 차량고장을 대비한 점검도 필수입니다. 그리고 안전용품과 비상연락망 등 어느 하나 소홀히 할 수 없습니다. 역시 가장 중요한 것은 안전운전입니다. 뒷좌석도 고속도로가 아니어도 탑승하면 무조건 안전벨트를 매는 습관이 중요합니다. 아이가 어리면 카시트도 필수입니다.

그리고 역시 운전 할 때의 여유와 한 템포 느린 운전입니다. 양보도 중요하고 급하지 않게 가족과 함께 즐긴다는 생각이 중요합니다.

그리고 졸음운전의 위험성은 아무리 강조해도 지나치지 않습니다. 조수석 배우자와 번갈아가면서 운전하는 습관도 꼭 필요합니다. 여름 휴가철 등 장거리 여행길에 가족과 함께 한 휴가가 가장 기억에 남는 좋은 추억이 되길 바랍니다.

여름철에는 자동차도 덥습니다!

여름철은 준비해야 할 일들이 많습니다. 날씨도 덥고 열기로 건강도 챙겨야 하고 차량도 에어컨 등을 사용하는 경우가 늘고 있습니다.

이제 본격적인 차량관리는 여름이 시작되면서 합니다. 온도가 높은 만큼 차량도 철저한 관리를 하여야 애물단지가 되지 않습니다. 특히 여름철은 온도가 높은 것도 문제지만 휴가 등으로 장거리 운전도 병행하는 경우도 늘어서 차량에 무리가 가게 됩니다. 그래서 더욱 관리가 중요합니다.

에어컨 사용을 위하여 냉매 등 시원함을 유지하여야 하고 안전을 위한 타이어 관리도 중요합니다. 타이어 공기압과 편마모 등 수명도 잘 살펴보아야 합니다. 당연히 엔진오일과 냉각수 유지는 엔진과열을 방지해 줍니다. 오래된 중고차의 경우 엔진오일과 냉각수가 줄어드는 현상도 발생하는 만큼 여분도 준비하면 좋습니다. 브레이크가 밀리거나 소리가 나면 역시 브레이크 오일과 패드 등 전체적으로 점검하여야 합니다.

철저한 차량점검은 내구성 유지와 연료 절감 등도 당연히 중요하지만 역시 안전에 직접적인 영향을 주게 됩니다. 당장 내 차량 점검, 가까운 단골 정비업소에 들르면 어떻습니까?

타이어는 자동차안전의 종결자!

자동차 점검 중 가장 중요한 부위가 어디라고 생각하는지요?

상당수의 대답이 엔진과 변속기를 얘기합니다. 물론 맞는 얘기이나 최근의 자동차의 경우 중요하지 않은 부위가 없을 정도로 하나하나가 중요하다고 할 수 있습니다.

상당부분이 운전 중 안전에 직결되는 부분이 많다는 뜻입니다. 그 중에서도 가장 안전에 중요한 부위가 바로 타이어입니다. 특히 타이어는 고속으로 운전 중 문제가 발생하여 큰 사고로 이어지는 만큼 더욱 주의를 하여야 합니다.

전체 고속도로 교통사고 중 약 30%가 타이어와 직간접적으로 관련이 있다고 합니다. 타이어는 사전 예방이 가장 핵심입니다. 타이어 공기압을 적정 공기압으로 항상 점검하고 타이어 마모가 없는 지도 꼭 살펴야 합니다.

여름 철 비가 오는 경우 마모된 타이어는 수막현상으로 미끄러지면서 큰 사고로 이어집니다. 타이어는 일일점검 항목입니다. 매일 한번 이상 봐야 한다는 뜻입니다. 타이어 공기압, 마모 등 이상 유무를 확인하는 습관이 꼭 필요합니다.

장마철 운전은 사고의 확률이 높습니다

여름철은 역시 장마나 태풍 등으로 국지성 폭우가 가장 무섭습니다. 재산이나 인명손실이 많이 발생하는 만큼 큰 주의가 필요하나 더욱 조심하여야 할 사항이 바로 자동차 운전입니다. 특히 국지성 폭우가 아질 경우 운전은 더욱 위험해집니다. 갑작스럽게 앞이 보이지 않고 차량은 미끄러지기 일쑤입니다.

그러나 너무 자신의 운전을 과신하는 경우도 많습니다. 과속이나 전방 주시를 소홀히 하게 되면 바로 대형 사고로 이어질 수 있습니다. 그래서 더욱 조심하여야 합니다. 속도는 평상 시 보다 30% 이상 줄이고 와이퍼 블레이드 고무 등도 교체하여 전방을 확실히 볼 수 있는 준비도 필요합니다.

너무 폭우가 내리면 전조등도 켜고 비상등도 켜서 주변에 경각심을 주어야 합니다. 역시 가장 중요한 요소의 하나가 바로 타이어입니다. 공기압이 적정치 못하거나 홈 깊이가 낮아서 마모가 많이 되면 수막현상으로 차량이 수면 위를 미끄러지면서 바로 큰 사고로 이어질 수 있습니다.

주차도 낮은 하천변에 하지 말고 어쩔 수 없이 잠시 주차하게 되면 차량 앞부분이 입구를 향해서 바로 차량을 이동시킬 수 있어야 합니다. 준비하면 할수록 안전은 보장됩니다.

침수 도로 지나가는 법

태풍이 지속적으로 오는 계절입니다. 가장 당황하는 경우가 바로 침수도로를 통과하는 법입니다. 워낙 국지적으로 폭우가 내리면 일부 도로가 침수되어 차량 통행여부가 고민이 되는 경우가 간혹 발생합니다.

역시 고민은 가야되느냐, 가지 말아야 되느냐 입니다. 당연히 가는 것이 불편함이 덜합니다. 이 때 조심해야 합니다.

여름만 되면 영상 매체에 둥둥 떠다니는 차량을 보았을 것입니다. 누구든지 이러한 침수차량이 될 수 있는 만큼 주의를 하여야 합니다. 앞에 차량이 있으면 앞차 뒷부분의 머플러에 올라오는 물의 높이로 가늠합니다. 물론 내 차는 같은 크기의 승용차이어야 맞습니다. 물이 머플러를 넘으면 따라 들어가면 안됩니다. 자신이 맨 앞에 있으면 창문을 열고 고개를 내밀어 앞바퀴의 물의 높이를 보면서 서서히 진입합니다. 타이어 높이가 과반을 넘기 시작하면 고민을 해야 합니다. 최근의 자동차는 전자장치가 많고 물 빠짐 호스 등이 있어서 역류로 인한 시동꺼짐이 발생할 수 있습니다. 진입을 고민하라는 것이죠.

물론 진입 전에 에어컨 등을 끄고 변속 없이 저속으로 통과하여야 합니다. 앞차와의 거리는 충분이 띠고 다른 큰 차량으로 인한 물결이 없는 것이 좋으므로 주변에 차량이 없는 것이 좋습니다. 물론 확실한 방법은 의심이 가면 우회도로를 이용하는 것이 가장 안전합니다.

경차에 날개를 달자 !

지난 번 경차 혜택 중 취득세 면제를 재고한다는 언급이 나오면서 후폭풍이 거셌습니다. 그렇지 않아도 경차 판매가 줄고 있는 상황에서 그나마 있던 강력한 혜택 중의 하나를 없애는 것을 고려한다는 것은 상당히 문제가 큰 것으로 판단됩니다.

우리의 경차 점유율은 약 8% 내외입니다. 점차 줄어들고 있습니다. 유럽은 약 50%, 일본은 약 37%입니다. 경차는 비용도 큰 차에 비하여 저렴한 것은 물론 에너지 절감, 이산화탄소 저감, 좁은 주차장 활용, 기동성 등 한두 가지 장점이 있는 것이 아닙니다. 그러나 경차 종류의 한계와 큰 차를 선호하는 잘못된 인식 등으로 여러 어려움을 겪고 있습니다.

물론 세계에서 가장 많은 경차 혜택을 주고 있는 실정이지만 아직 미흡한 부분이 많고 활성화할 수 있는 후속 대책이 요구된다고 할 수 있습니다. 세수 확보라는 측면에서 서민용 경차 혜택을 활용하는 부분은 누구도 납득하기 어려우며, 다시는 이런 얘기가 나오면 안된다는 것입니다.

혹시 반응을 보기 위하여 언급하였다면 더욱 큰 문제입니다. 경차 혜택은 줄이기보다는 오히려 늘려야 한다는 것입니다. 정부의 적극적인 역할을 기대합니다.

수입차와 국산차

　수입차의 공세가 수년 동안 거셉니다. 올해도 예외는 아니어서 머지 않아 약 20% 가까운 점유율은 달성할 것입니다. 그 만큼 국산차는 수세로 몰리면서 고민도 많아지고 있습니다.

　특히 최근에는 국산 신 모델이 많이 출시되면서 적극적인 공세 전환을 하고 있습니다. 가장 치열한 국산차와 수입차의 전쟁이 진행되고 있습니다. 물론 상대적인 장점이 있습니다. 국산차는 가격이 저렴하고 애프터서비스 체제가 잘 되어 있어 수리기간 등 모든 것이 빠릅니다.

　상대적으로 수입차는 개성이 강한 모델이 많고 고급 기종이 많은 반면 부품비나 공임이 높아 무상 A/S기간이 끝나면 애물단지로 전락할 수 있어서 주의를 요합니다. 치열한 싸움이 진행되면서 소비자를 위한 각종 영업 전략도 빛을 발하고 있습니다. 무상할부나 직접적인 금액할인도 있고 옵션 도 무상장착해 주기도 합니다.

　치열한 싸움이 진행되면 될수록 소비자의 혜택도 늘어납니다. 소비자의 눈높이도 달라지고 있고 까다로운 기준도 예상하기 힘들 정도입니다. 국내 시장도 점차 글로벌 시장으로 변하면서 소비자도 글로벌 기준으로 바뀌고 있습니다. 긍정적인 평가와 함께 소비자는 즐기기만 하면 됩니다.

수입차, 대체품의 재활용을····

최근 수입차의 증가가 매년 눈에 띌 정도로 증가하고 있습니다. 최근에는 각종 사건으로 주춤하는 부분도 발생하고 있습니다. 그 만큼 국산차와 치열한 다툼이 벌어지고 있습니다.

그러나 수입차의 문제점은 국산차 대비 약 2.5배의 공임과 약 5.5배에 이르는 부품비입니다. 무상 A/S가 끝나면 수리비용으로 감당하기 어려운 경우가 많이 발생합니다. 그래서 정부에서는 유럽이나 미국 등지에서 많이 활용되고 있는 대체품 제도를 본격적으로 도입하기 시작했습니다.

대체품은 정품 대비 최소 같은 품질은 물론 정품 대비 가격은 50~60% 정도입니다. 그러나 아직 여러 문제점으로 활성화가 어려운 상황입니다. 해당 메이커의 의장 등록으로 생산을 하지 못하게 하거나 현장에서 정품만을 강조하기 때문입니다. 특히 소비자에게 얼마 안되는 보험료 하락으로는 호응을 얻기가 어렵습니다.

더욱 큰 소비자 인센티브가 개발되어야 하고 긍정적인 인식이 확산될 수 있는 홍보나 캠페인이 필요합니다. 특히 해당 메이커의 적극적인 의지가 더해지지 않으면 활성화는 어렵습니다. 그래서 정부의 역할이 더욱 중요한 시기입니다.

카 푸어 Car Poor

수입차의 인기가 날로 커지고 있습니다. 현재 점유율은 약 17% 내외에 있습니다. 국산차의 획일화되고 한정된 선택에서 수입차는 다양하면서도 여러 특성에서 장점을 부각시키고 있어서 소비자가 많이 찾고 있습니다.

물론 비싼 공임비와 부품비는 가장 큰 약점입니다. 특히 인기를 끄는 배경 중에는 수입차를 바로 구입할 수 있는 각종 파이넌스 시스템입니다.

할부나 원금 유예 프로그램을 통하여 당장은 저렴한 월 납입금으로 수입차는 바로 받을 수 있는 제도 등입니다. 그래서 젊은 층의 경우 부담이 당장 월급의 일부라고 판단하여 덥석 수입차를 구입하기도 합니다. 결국 나중에 이 문제는 커지게 됩니다.

수입차의 고가 비용이 없어지는 것이 아니라 원금 유예 기간, 예를 들면 3년이 지나면 나머지 고액을 납입하게 되면서 돈 폭탄으로 다가옵니다. 결국 시장에 비용을 갚지 못하고 차량을 내놓으면서 '카 푸어'로 전락하게 됩니다. 분명히 수입차는 쉽게 저렴하게 접근하기는 어렵습니다.

추후에 충분한 능력을 가진 상태에서 구입하여야 재정적인 부담을 줄일 수 있을 겁니다. 대신 품격과 경쟁력이 훨씬 높아진 국산차 구입도 매우 좋습니다.

자동차도 해킹을 한다?

　최근 미국에서 몇 건에 걸쳐서 자동차 해킹에 성공했습니다. 운전자의 운전의지와 관계없이 차량을 외부에서 조정하여 마음대로 동작되는 무서운 현상을 지칭합니다.

　해킹을 당한 미국의 해당 브랜드 차량은 리콜 등 적극적인 조치에 나서기도 했습니다. 아직도 해결되지 않은 자동차 급발진과도 같다고 할 수 있으나 다른 점은 원인을 모르는 것이 아니라 외부에서 의도적으로 하였다는 점입니다. 그 만큼 범죄에 응용될 수도 있으며, 큰 다중 사고로 이어질 수도 있습니다.

　영화의 한 장면에서 나오는 살인 사건도 가능하며, 흔적도 남기지 않을 수도 있습니다. 최근의 자동차가 전기전자화되고 스마트화되어서 외부의 무선 해킹이 가능해지고 있는 것입니다. 특히 자율주행차는 더욱 위험성이 많아지고 있습니다. 그래서 자율주행차의 운행기준이 마련되는 상황에서 적극적인 차단방법 등 보안성이 요구되고 있습니다.

　더불어 자동차 제작사의 제대로 된 대처가 요구되는 상황입니다. 자동차가 문명의 이기가 될 것인지 애물단지가 될 것인지는 우리의 역할에 달려 있습니다.

가을철 차량관리 및 운전법

이제 가을철로 접어들고 있습니다. 낮에는 더위로 에어컨을 틀고 밤에는 히터를 트는 계절이 왔습니다.

역시 온도차로 감기에 조심하여야 하고 오랜 만에 히터를 틀어 냄새가 나는 만큼 충분히 가동시켜 곰팡이 냄새 등이 발생하지 않도록 하여야 합니다.

연간 한두 번은 실내 공기필터를 교환하여야 근본적인 냄새를 제거할 수 있습니다. 역시 차량관리도 중요합니다. 특히 브레이크와 타이어 공기압도 중요하고 냉각수와 엔진오일 등 기본적인 점검은 기본입니다.

가을철은 안개도 주의하여야 합니다. 앞차와의 충분한 간격유지, 차량 속도 감소, 전조등, 안개등도 모든 등화장치를 켜야 합니다. 또 창문을 열고 라디오를 크게 틀어 자신의 위치를 알리는 방법도 중요합니다. 주변 경관이 좋은 만큼 전방을 소홀히 하여 사고도 발생할 수 있습니다. 들뜨기 쉽고 나들이도 많아 교통사고도 늘어납니다.

졸음운전이나 음주운전도 가을철에는 유의사항입니다. 다른 계절에 비하여 차량 관리는 물론이고 운전자의 운전자세가 특히 중요한 시기입니다. 안전운전은 할수록 좋습니다.

자동차 노사분투, 언제까지 이래야 하나?

국내외 자동차 산업이 부침을 거듭하고 있습니다. 가장 대표적인 기업인 현대차 그룹은 중국시장에서만 상당수의 판매가 급감하였고 국내 시장도 수입차 급증으로 점유율이 떨어지기도 했습니다.

무엇보다 해외 수출 감소는 바로 경제적 영향으로 나타납니다. 다른 산업과 달리 자동차 분야는 완성차 메이커는 물론 1~4차 부품사 등에 연쇄적인 영향을 준다는 것입니다. 일반적으로 단순히 하나의 메이커에 500~1,000개 정도의 부품사가 연계되어 있습니다.

특히 우리나라 자동차 산업은 양대 경제축의 하나인 만큼 더욱 안정되게 성장하여야 하는 이유가 있다는 것입니다.

현재 5가지 악재가 누적되어 있습니다. **노조파업**, **통상임금 문제**, **원고 · 엔저 문제**, **고비용 구조**, **저생산성** 등입니다. 이중에서도 가장 심각한 분야가 바로 노사분규입니다.

자동차 분야의 노조파업은 매년 연례행사가 되고 있습니다. 정도를 지나친 요구를 하는 노조와 이를 금전적으로 해결하는 관행의 사측도 문제입니다. 경영을 침범하는 노조의 요구는 더욱 문제입니다. 서로가 배려하고 양보하는 관행이 아쉽습니다. 향후 국내 자동차 분야의 승패는 노사분규 해결에 달려 있을 것이다. 자제해야 합니다.

폭스바겐 사태

예전 폭스바겐 사태의 추이가 이만저만이 아닙니다. 폭스바겐의 배가가스 조작문제가 커지면서 각 계열사로 번지고 있고 각국 정부에서 타 차종까지 실태조사까지 들어가기도 했습니다.

클린디젤에 대한 불신이 높아지고 폭스바겐은 물론 독일차에 대한 명성도 흐려졌습니다. 자동차 130여년 역사 중 중요한 한 획을 그을 수 있는 사태일 것으로 판단됩니다. 그 만큼 디젤 차량에 대한 한계는 물론 관련 규제도 늘어날 것입니다.

특히 수입차의 약 70%를 차지하는 승용디젤차의 흐름에 제동이 걸리고 있습니다. 동시에 하이브리드차나 전기차 등 친환경차에 대한 필요성도 커지고 있습니다. 또한 정부의 책임과 역할은 물론 관련 규정의 제정비가 필요할 것입니다.

리콜과 함께 소비자 소송을 비롯하여 소비자를 위한 다양한 후속 제도의 구축도 예상됩니다. 역시 중요한 것은 관련 사고의 재발방지를 위한 관련 규정 정리가 요구될 것이고 소비자의 보호와 배려 방법도 고민해야 할 것입니다. 업계에서는 자중과 품질 제고 노력을 경주해야 할 것입니다.

사업용 차량 구입

최근 추진되었던 세제개정안 중 사업용 차량 구입에 대한 논란은 항상 뜨겁습니다. 지금까지 사업용 차량으로 구입하면서 취·등록세를 비롯한 유류비에 이르기까지 모든 차량 유지비를 세금공제 비용으로 처리하면서 무늬만 사업용 차량인 개인용으로 이용하였다고 할 수 있습니다.

현재 판매된 수입차량의 약 40%가 현재 사업용 차량이고 2억 원 이상은 거의 전체라 할 수 있습니다. 개인용 차량 대비 사업용 차량에 대한 무제한적인 각종 세금 혜택은 예전부터 지적되어 온 객관성과 형평성에 어긋나는 문제였다고 할 수 있습니다.

이번에 세제 개정안을 통하여 조금이라도 개선된다고 할 수 있으나 더욱 더 세밀한 법안 마련이 요구됩니다. 3~4천만 원의 적절한 상한선 설정은 물론 임직원 의무 보험 가입과 운행일지 작성 등은 물론이고 향후 출·퇴근용에 대해 인정도 하지 않는 것이 바람직하다고 판단된다.

이미 선진국에서 진행하고 있는 입증된 사례가 많은 만큼 우리 한국형 선진 모델 정립은 그리 어렵지 않을 것입니다. 이렇게 허점이 많은 관련 관행이나 규정이 많은 만큼 더욱 균형 있는 선진형 법안 마련이 중요할 것입니다.

수입차의 위기

　수입차에 대한 위기가 다가오고 있습니다. 예전의 폭스바겐 사태도 당연히 큰 영향과 부정적인 시각을 주지만 무엇보다도 최근 진행되는 제도와 법적인 준비가 더욱 어려움을 가중시킬 것입니다.

　이미 진행하고 있는 대체품 제도도 수입차 부품비와 공임이 너무 높아서 진행되는 부분입니다. 또한 사업용 차량에 대한 상한선이나 임직원 보험 등 조건이 까다롭게 변하여 전체의 약 40%를 차지하는 법인용 차량 구입도 어려워질 것입니다.

　여기에 수십 년간 진행하여 온 배기량 기준 자동차세가 향후에는 가격 기준으로 바꾸겠다고 준비하고 있어서 수입차업계에게는 설상가상이라고 할 수 있습니다. 수입차 보험료도 지속적으로 올린다고 하여 모든 규제가 수입차로 옮아가고 있는 상황입니다.

　앞서 언급한 바와 같이 수입차의 약 70%를 차지했던 승용디젤차가 폭스바겐 사태 이후로 위기를 맞고 있습니다. 그러나 다방면의 여론 몰이식, 마녀사냥식의 부정적인 움직임은 경계해야 합니다. 중요한 것은 국산차와 수입차가 균형을 이루면서 치열하게 경쟁하는 것이 가장 좋다는 것입니다.

자동차 교환 및 환불

　결함이 있는 자동차에 대하여 자동차를 교환하거나 환불해준 경우는 제시된 건수의 4~5%에 불과합니다. 거의 해주지 않는다고 할 수 있습니다. 그 만큼 소비자 보호에 대한 관련 규정이 없다는 뜻과 같습니다.

　현실적으로 국내에서는 문제가 큰 자동차에 대한 환불이나 교환 규정이 권고에 그치고 있어서 자동차 메이커가 하지 않으면 그만입니다.

　미국은 레몬법이라 하여 주행거리와 횟수에 따라 정확하게 교환이나 환불이 이루어지고 있고 제대로 된 조치가 없을 경우 징벌적 보상으로 엄청난 벌금을 물게 하고 있습니다.

　특히 시민단체 등의 감시기능이 뛰어나 문제가 된 자동차의 조치가 미흡할 경우 신차 판매에 집적적인 영향을 주게 합니다. 따라서 미국에 진출한 자동차 메이커는 최선을 다하여 소비자 중심으로 생각하고 움직이고 있다는 것입니다. 우리의 입장에서는 부러울 수밖에 없습니다.

　그 만큼 우리의 소비자는 보호 범위 밖에 있습니다. 미국식 징벌적 보상제도는 아니더라도 최소한 한국형 자동차 보상제도의 정립이 꼭 구축되어야 하는 이유입니다. 그래서 최근 진행되고 있는 한국형 레몬법은 현실적으로 가능한 신차 교환 및 환불제도가 되어야 합니다. 현실과 맞지 않는 부분은 확실히 개선되어야 한다는 것입니다. 정부의 더욱 적극적인 소비자 중심의 자세는 물론 현실적인 한계점을 극복하는 노력이 필요한 시점입니다.

자동차세가 달라진대요

예전에 자동차세를 기존의 배기량 기준에서 가격 기준으로 바꾸는 작업을 하기도 했습니다. 고가의 차량임에도 불구하고 배기량을 기준으로 자동차세를 산정하다보니 형평성 및 객관성 측면에서 많은 부분이 문제가 있었기 때문입니다.

일부 차종에서는 당연히 반기는 분위기입니다. 당연히 개선되어야 할 부분인 것은 맞습니다. 그러나 일방적으로 가격 기준으로만 산정하는 것은 또 다른 문제를 야기한다는 것입니다.

유럽 등 선진국에서는 상당수가 복합적인 융합모델로 자동차세를 산정하고 있습니다. 최근 환경적인 부분이 부각되면서 친환경적인 차종은 당연히 세금을 덜 부담시키는 것입니다. 그래서 가격은 물론 이산화탄소 배출 같은 친환경 요소 등 다양한 요소를 반영하여 자동차를 부담시키는 방법입니다.

그리고 미리부터 마스터 플랜을 짜서 국민들에게 향후 몇 년 동안에 어떻게 변하는지 미리 알려주는 것입니다. 정부의 제도적 변화를 인정하고 신뢰하게 될 것입니다. 정권이 바뀌어도 좋은 것은 그대로 받아들여 정부의 신뢰성을 높이는 일은 더욱 중요한 과제입니다. 자동차세 부과도 마찬가지입니다. 향후 제도적 과정에서 많은 반영이 있기를 바랍니다.

수입차 애프터서비스의 문제라면····?

최근 수입차의 연간 판매규모는 약 16% 점유율에 20만대가 넘게 판매되고 있습니다. 몇 년 사이에 괄목할 만하게 성장하였습니다.

그 만큼 국내 시장이 글로벌 시장으로 편입되고 있는 반증이기도 합니다. 이제는 신차를 구입할 때 국산차와 수입차를 함께 놓고 고르는 경향이 보편화되고 있습니다.

특히 국산차와 수입차가 치열하게 대결하면서 소비자를 위한 각종 서비스와 배려는 좋은 본보기가 될 것입니다. 그러나 최근 문제가 발생하고 있습니다. 수입차가 국내 시장에 선진형 시스템을 심어주면서 자동차 문화를 한 단계 업그레이드 시키는 데 공헌하였지만 최근 일부 수입차 메이커들의 횡포도 늘어나고 있습니다.

신차의 문제에 대하여 적절하게 대응을 하지 않아 소비자가 골탕을 먹는 사례도 늘고 있고 '해볼 테면 해보라'는 배 째기식 관례도 늘고 있습니다. 아직 설익은 국내법을 악용하여 '한국법대로 하라'라고도 하고 있고 '길게 끌어서 지치게 하라'라는 경우도 있습니다.

대법원까지 가는 2~3년 동안 개인은 나동그라지는 형식입니다. 이제는 변해야 합니다. 소비자 중심의 배려와 시스템을 아무리 강조해도 지나치지 않습니다.

자동차 화재, 허투루 보지마라 !

　최근 한 수입차의 화재로 안전에 대한 관심이 높아지고 있습니다. 물론 원인은 자동차 품질에 문제가 발생하여 화재가 일어난 경우도 있지만 대부분이 자동차 소유자의 관리 소홀로 발생하는 경우가 대부분이라는 것입니다.

　최근 자동차 사용기간이 10년을 넘는 경우가 많다보니 단순한 관리소홀로 화재로 이어지는 경우입니다. 연간 많을 경우 5천이 넘는다고 합니다. 하루에 10여건씩 발생한다는 것입니다.

　그 만큼 주변에서 운전하다가 자동차 화재를 간혹 볼 수 있을 정도입니다. 냉각수나 엔진오일 부족도 엔진이 과열되면서 주변의 가연성 물질로 화재가 될 수 있습니다. 엔진룸 노후화된 배선도 불꽃을 일으켜 화재가 되기도 하고 심지어 가을철 마른 잔디와 나뭇잎 위에 주차된 차량이 배기관 열로 불이 붙어 화재가 되기도 합니다.

　우리는 운전만 하고 자동차에 대하여 전혀 모르는 운전자가 많습니다. 선진국 운전자는 안전운전은 물론 상식적인 자동차 관리는 할 줄 압니다. 최소한의 관리 교육과 차량용 소화기 등 비상 장비는 꼭 갖추어야 합니다. 이제는 단순히 운전하는 시대에서 종합적으로 자동차는 관리하고 안전을 추구하는 형태로 자동차 문화 패러다임이 변해야 합니다.

신사는 새 차를 좋아한다지만····?

연말이다 보니 각종 제품이 할인과 각종 혜택을 주고 있습니다. 그 중에서도 자동차는 가장 큰 혜택을 주고 있습니다. 가격을 할인하는 것은 물론 무이자 할부와 애프터서비스 연장, 옵션 포함 등 다양한 혜택이 많습니다.

심지어 60개월 무이자 할부도 있습니다. 파격적이라 할 수 있습니다. 그래서 연말에 신차를 구입하는 소비자도 많습니다.

그러나 아무리 저가이어도 주의를 하여야 할 부분이 많습니다. 구입하고자 하는 대상에서 갑자기 다른 신차로 바꾼다든지, 당장 오래 사용할 수 있음에도 불구하고 유혹에 못 이겨 신차를 구입하는 경우입니다. 아무리 염가이어도 신차로 바꾸면 최소 수백만 원 이상의 손실을 보게 됩니다. 그래서 차량을 오래 끌면 끌수록 유리합니다.

물론 어느 시점에서 차량이 심하게 고장 나면서 매우 큰 비용을 사용하는 경우에는 고민을 해야 합니다. 그래서 신차 구입은 심사숙고를 하고 주변의 정보를 입수하여 확인과 확인을 하면 할수록 이점이 커집니다. 올해가 모두 가기 전에 신차 구입을 고민해보는 것도 괜찮습니다.

자율주행

올해 자동차 화두를 찾는다면 자동차 자율주행일 것입니다. 미래의 자동차는 운전자가 없어도 목적지까지 안전하게 이동시켜주는 자동차 자율주행이 보편화될 것이기 때문이다. 이미 구글 등은 물론 애플을 비롯한 세계적인 기업들이 자율주행에 뛰어들고 있습니다.

수년 전 미국 LA에서 무인 자율주행하고 있는 차량을 세워서 교통경관이 단속하고 있는 장면이 화제가 되기도 했습니다. 우리들 미래의 모습을 나타내는 한 장면이 될 수 있습니다.

우리나라도 길거리에서 시험주행할 수 있는 관련 조항이 만들어져 본 마당에 뛰어들고 있습니다. 물론 이러한 자율주행이 활성화되기 위해서는 기술적인 완성도는 물론이고 관련 제도와 보험 등 다양한 준비가 필요합니다.

무엇보다도 소비자가 인정하는 시스템이 구현되어야 합니다. 수년 이내에 실버타운이나 관광지 등 저속이 요구되는 지역이 대상이 될 것이고 향후 일반 길거리가 될 것입니다. 미래의 먹거리인 만큼 우리도 늦지 않게 철저한 준비를 통하여 세계 일류에 동참해야 할 것입니다.

스텔스 자동차

최근 자동차의 발전이 눈이 부실 정도로 빠르게 진행되고 있습니다. 현재와 같은 추세로는 머지않아 자율주행과 스마트 기능을 이용한 미래의 차량이 등장할 것으로 확신합니다. 역시 친환경, 고연비, 고효율 등이 모두 조합된 융합 개념이 되고 있으나 무엇보다도 안전이 가장 중요할 것입니다.

그러나 안전은 자동차의 안전장치와 같은 하드웨어적인 시스템도 중요하지만 역시 운전을 직접 하는 운전자의 자세가 가장 중요합니다. 항상 여유 있게 한 템포 느린 양보 운전이 가장 중요합니다.

우리의 급하고 거친 3급急 운전, 즉 급출발, 급가속, 급정지가 문제라 할 수 있습니다. 이것만 줄여도 우리의 교통사고를 많이 줄여서 OECD국가 중 상위권을 벗어날 수 있는 기회가 될 것입니다.

최근 가장 문제가 되는 경우가 일명 '스텔스 차'라고 하는 차량이 많아지고 있습니다. 저녁이나 야밤이 되어도 차폭등 등 각종 등화장치를 하나도 켜지 않는 위험한 차량입니다. 본인의 시야확보도 문제가 되지만 다른 차량에 자신의 위치를 알지 못해 교통사고를 유발할 수 있는 가장 위험한 행위입니다.

운전자 자신의 각성과 의무는 당연하다 할 수 있지만 강력한 단속을 통해서 벌칙을 강화하는 방법도 병행해야 할 것입니다.

연말 음주운전

　연말 분위기가 마무리되어 갑니다. 송년회 등 다양한 모임이 많은 만큼 종종 음주를 하게 됩니다. 차량이동도 많아서 막히는 구간도 많아지고 있습니다.

　역시 이 시기에는 가장 조심하여야 할 사항이 바로 음주운전입니다. 딱 한잔이면 괜찮겠지 하는 마음으로 음주를 하다보면 무리하게 되고 바로 음주운전으로 발전합니다.

　음주운전은 본인의 안전은 물론 다른 사람의 안전에 직접적인 영향을 주는 살인행위와 같습니다. 우리도 적극적인 제제를 하고 있지만 우리보다 더한 국가도 많습니다.

　그 만큼 음주운전은 교통사고 중 가장 최악의 사고라고 할 수 있습니다. 따라서 아예 연말 등 모임이 많은 경우에는 자가용을 놔두고 대중교통을 이용하는 방법이 가장 좋습니다.

　근본적인 문제로 키우지 말자는 뜻입니다. 최소한 대리운전이라도 하여 음주운전을 막을 수도 있습니다. 특히 대리운전을 하다가 집 근처에 오면 본인이 직접 운전을 하는 경우도 있는데 절대로 하지 말아야 합니다. 다른 무엇보다도 음주운전은 금기, 금기입니다.

차량온도를 낮추기 위한 다양한 조치들

1. 차량 온도를 낮추기 위해서 어떤 조치를 취해야 할까요?

- 외부에 주차한 차량은 폭염으로 온도가 높아진 만큼 실내 운전석 대시보드의 화상에 주의를 하여야 한다.
- 특히 운전대와 대시보드가 위험하다.
- 폭염에 노출된 차량은 우선 문을 열고 열기를 뺀 다음 시동을 켜고 에어컨을 가동시켜야 한다.
- 미리 주차는 지하주차장이나 그늘 등에 주차를 하는 것이 좋다.
- 외부에 노출될 경우에는 대시보드 위에 신문 등 덮개를 놓거나 외부 앞 유리에 전용 덮개를 덮는 것도 좋다.
- 실내 열기를 빼고 에어컨을 켜는 방법을 숙지한다. 에너지 절약에도 좋다.
- 외부에 주차할 경우 일부 창문을 내려놓는 경우도 있다. 도난 주의

2. 원인이 무엇입니까?

- 폭염에 노출된 차량 실내는 60~70도 이상이 되는 경우가 많다.
- 이 경우 아스팔트는 계란 프라이가 가능할 정도이다.

보복운전

1. 실제 보복운전을 당하면, 어떻게 해야 할지 당황할 것 같은데요, 이럴 땐 어떤 조치를 취해야할까요?

- 결국 보복운전으로 인한 접촉사고이다.
- 보복운전은 흉기소지 또는 협박죄인 만큼 절대로 안되며 시도해서도 안된다.
- 최근 보복운전자의 형사처벌이 늘고 있다. 해외 선진국도 예외는 아니다.
- 최근 경찰청도 강력하게 처벌하고 있고 예외는 없다고 할 수 있다.
- 양보와 자제가 필요하고 '내 탓이요' 운동이 필요하다.
- 양보를 받으면 필히 고맙다는 인사를 한다.
  (손을 내밀어 흔들거나 비상등으로 표시한다.)
- 에코드라이브 운동(친환경 경제운전)이 바로 한 템포 느린 여유 있는 운전을 말한다.
- 보복운전일 경우 블랙박스 증거로 신고한다. (본인 또는 제3자 모두)
- 보복운전을 받을 경우 반응을 하지 말고 침착하게 운전한다. 미안하다는 표시를 하면 대부분 괜찮다.

2. 원인이 무엇입니까?

- 교통체증으로 인한 무리한 운전
- 3급 운전 습관화 (양보 등에 대한 응답 부족)
- 과도한 사회적 경쟁으로 인한 스트레스 누적 및 분노 폭발 등

김필수 교수의 그것이 알고 싶다.

갓길 주차

1. 고속도로를 달리다 약간 넓은 길에 차를 댔는데 뒤차가 추돌해버린 이유는? 여기서 힌트를 얻을 수 있는 증상은 무엇입니까?

- 야간 고속도로를 장시간 운전하고 있어서 피로가 급격히 높아진다.
- 졸음이 밀려와 졸음쉼터를 찾으니 주변에 없어서 조금 넓다고 생각되는 갓길에 잠시 차를 세우고 비상등을 켜고 잠을 청한다.

2. 이럴 땐 신속한 조치가 우선이겠죠, 어떤 조치를 취해야합니까?

- 인명사고가 있을 때 미리 사람부터 구하여 안전한 곳에 눕힌다.
- 119에 신고하여 빠른 조치를 취한다.
- 가능하면 안전 삼각대와 섬광등을 설치하고 사람이 수신호로 뒤 차량을 안전하게 이동시킨다.
- 동시에 경찰에 신고하여 조치를 취한다.
- 추후 보험사 신고

3. 원인이 무엇입니까?

- 야간 갓길 정차는 가장 위험하다. 실제로 2, 3차 사고 빈번히 발생.
- 갓길 자체 정차가 문제이다. 차량이 고장났을 경우 등 비상 시를 제외하고 절대로 정차하지 말 것
- 졸리면 무조건 졸음 쉼터, 휴게소를 이용하고 보조석 운전자가 교대 운전을 한다.

4. 이런 갓길 정차 사고를 예방하기 위해서는 어떤 대책을 세워야할까요?

- 갓 길 세우지 말 것
- 최근에는 갓길도 가변차선으로 이용하여 더욱 위험
- 비상 시 안전장구 적극 활용(안전삼각대, 섬광등 등)
- 사고 발생 이후 적극적인 조치로 인명 발생 최소화 가능

VEHICLE

TRAFFIC

60초 쓴소리

2016년

새해에 던지는 메시지

새해가 밝았습니다. 항상 새해 초에는 새로운 마음가짐으로 과거를 뉘우치면서 계획도 세우고 구체적인 행동 강령도 만들기도 합니다. 하나하나 하고자 하는 마음가짐으로 실천의지를 굳건히 하기도 합니다.

이중에서도 자동차에 대한 마음가짐을 새롭게 하는 것은 어떨까요? 음주운전 안하기도 좋고, 차량에 대한 기초 지식을 익히는 것도 좋습니다. 어려운 전문 지식이 아닌 차량에 대한 기본적인 지식을 말합니다.

엔진보닛도 열줄 알고 엔진오일이나 냉각수를 보는 방법, 워셔액을 보충하는 방법, 와이퍼를 교체하는 방법, 타이어를 보는 방법 등 조금만 관심을 가지면 누구나 할 수 있는 상식 등을 말입니다.

조금만 관심을 가지면 내구성이 좋아지고 연비가 달라지며, 가장 중요한 안전도가 높아집니다. 친환경 경제운전인 에코드라이브를 배우는 것도 좋습니다. 즉 실제로 운전을 할 때 한 템포 느리게 운전하는 여유 있는 운전방법입니다.

우리가 항상 가지고 있는 3급惡 지양도 좋겠죠. 급출발, 급가속, 급정지를 하지 말자는 뜻입니다. 올해는 차량에 대한 관심을 높이는 해로 잡으시기 바랍니다.

자동차가 타고 있다

연간 자동차 화재는 5천 건이 넘는 해도 많습니다. 생각 이상으로 화재가 많이 발생한다는 것을 알 수 있습니다. 전체 화재 중 약 90% 이상이 엔진쪽에서 발생합니다.

엔진룸은 세월이 가면서 엔진의 과열은 물론 각종 전선이 노화됩니다. 피복 등이 벗겨지면서 단락으로 불꽃 등이 발생하여 화재로 이어집니다. 그런데 대부분의 차량이 오래된 중고차에서 발생하고 겨울철에 집중합니다. 이유는 여러 가지입니다.

우선 겨울철은 약 3개월간 차주가 엔진룸 등 관리를 하지 않습니다. 날씨가 추워 자동차 관리가 되지 않는 다는 것입니다. 여기에 정지 상태에서도 항상 히터 등을 켜서 차량에 무리가 가는 경우도 많습니다.

앞서 언급한 오래된 중고차에 이러한 여러 문제가 겹치면서 화재의 조건이 된다는 것입니다. 특히 자동차 관리적인 측면에서 우리나라의 경우가 더욱 심각합니다.

운전만 할 줄 알지 자동차에 대해서는 전혀 모르는 운전자가 상당수입니다. 관리도 되지 않지만, 화재 등이 발생하였을 경우 대비방법 및 대처방법에 대한 인지도 못 하는 경우가 많습니다. 이제는 자동차 관리에 대한 인식이 달라져야 하는 시기입니다.

겨울철 차량운행은 고행길

　겨울철은 항상 다가옵니다. 다른 계절과 달리 겨울철은 여러모로 사람이나 차량 모두 어려운 일이 많아집니다. 당장 자동차 관리도 추운 약 3개월간은 전혀 보지 않을 정도로 자동차 관리는 최악이 될 수 있습니다. 특히 도로 사정이 악화되는 경우가 많아서 운전하기도 여간 조심스러운 일이 아닙니다.

　눈이라도 쌓이게 되면 운행자체도 어렵지만 후륜 구동차는 최악이 됩니다. 그러나 도리어 눈이 많이 내리는 상태면 누구나 조심하기 때문에 접촉사고는 많아도 큰 사고는 그렇게 많지가 않습니다. 조심스럽게 운행하거나 아예 운행을 포기하기 때문입니다. 문제는 눈이 녹고 군데군데 남아있는 빙판길입니다.

　특히 아침이나 늦은 밤길에는 추운 날씨로 얼어붙으면서 순간적으로 미끄러지는 경우가 제일 위험합니다. 아예 산비탈이나 그늘진 도로, 다리 등은 더욱 길이 녹지 않아서 위험합니다.

　또한 새벽길 먼지와 찌꺼기가 물과 섞여 어는 블랙아이스는 눈에 보이지 않아 순간적으로 큰 사고가 발생할 수 있습니다. 그래서 겨울철 운전은 속도를 줄이고 한 템포 느린 여유 있는 운전이 더욱 중요합니다. 또 필요하면 대중교통 이용을 권장합니다.

CES

2016.1.24

매년 초에는 미국 라스베이거스에서 국제 가전전시회인 CES가 열립니다. 최근 전시된 상품 중 주도권은 자동차라는 것이죠. 자동차가 본격적으로 가전제품으로 바뀌었다는 것입니다. 움직이는 가전제품이죠.

그 만큼 최근의 자동차는 전기전자부품이 전체의 30%를 넘어섰습니다. 머지않아 곧 최소 40%는 될 것입니다. 즉 자동차는 이제 기계덩어리가 아닌 종합적인 융합제품으로 바뀌고 있습니다.

자동차는 기계, 전기전자, 재료, 화학, 반도체, 메카트로닉스는 물론 소프트웨어가 지배하는 인류 최고의 발명품으로 바뀌고 있습니다. 최근의 화두는 자율주행, 스마트, 친환경 등을 필두로 고연비, 고효율, 고안전 등이 당연히 가미되고 있습니다.

앞으로는 단순히 운전만 하는 것이 아니라 자동차를 통하여 모든 정보를 교환하고 운전하면서 업무를 수행할 수 있는 움직이는 생활공간으로 바뀐다는 것입니다. 그래서 내로라 하는 모든 글로벌 기업들이 자동차로 모이고 있는 것입니다.

중점적인 부가가치가 자동차에서 탄생한다는 것입니다. 따라서 향후 자동차를 보는 일반인의 시각도 종합적으로 바뀌어야 할 것입니다.

졸음운전은 **치명적**이다!

매년 겨울철의 특징은 다른 계절대비 춥다는 것입니다. 그러다보니 차량 관련 문제도 많습니다. 시동이 걸리지 않는다든지 빙판길 사고, 화재사고도 많아지는 계절입니다.

무엇보다도 졸음운전이 많은 계절입니다. 다른 계절에 비하여 환기를 잘 하지 않고 여기에 히터를 항상 켜고 있어서 산소가 부족해지고 이산화탄소가 많아지면서 졸음과 산만함을 가져옵니다. 위험한 운전이 많다는 뜻입니다. 그래서 더욱 안전한 운전이 요구되는 계절입니다.

다양한 위험조건도 인지하면서 운전을 해야 하지만 무엇보다 졸음운전은 치명적입니다. 사고 발생 시 90% 이상이 사망사고일 정도입니다. 그래서 장거리 운전 시 환기는 물론 자주 휴게소나 졸음쉼터에서 쉬었다 가야 합니다. 필요하면 20~30분정도 눈을 붙이는 것도 좋습니다.

동승자가 함께 하여 운전을 교대하거나 아예 대중교통을 이용하는 방법도 좋습니다. 졸음운전을 방지하는 자동차 개발도 필요하고 졸음 쉼터 등 더욱 다양한 방비 인프라 조성도 필요하겠지만 무엇보다 운전자 본인의 운전자세가 가장 중요합니다.

운전면허제도가 물면허

문제가 많은 국내 운전면허제도가 개선책을 내놓고 진행 중이나 아직 문제가 심각합니다. 아직도 국내는 물론 중국 등에서도 우리의 운전면허제도가 일명 '물면허'라 하여 연간 5천명 정도의 관광객이 방문하여 면허를 취득해가고 있습니다. 그 만큼 중국 면허는 어렵습니다.

개선책은 학과시험을 2시간 줄이고 기능시험을 2시간 늘리는 미봉책이어서 단 11시간의 교육이 13시간으로 늘어났다고 할 수 있습니다. 근본적인 해결책은 되지 못하는 '풍선 효과'라고 할 수 있습니다.

호주나 독일, 프랑스 등 선진국은 정식면허 취득까지 2~3년이 소요되는 경우도 많습니다. 이웃 중국만 하더라도 비용은 물론 6개월 정도가 소요됩니다. 운전면허는 공로상에 다니는 다른 사람의 생명을 담보로 하는 살인면허증이나 다름이 없어서 선진국에서는 취득기준을 점차 까다롭고 어렵게 하고 있습니다.

최근 우리나라에서 강조하는 규제 혁파와는 다른 것이라 할 수 있습니다. 운전면허 간소화라는 명목으로 진행되는 운전면허제도는 분명히 근본적으로 재점검하고 강화되어야 할 것입니다. 당연히 교통사고나 사망자수도 줄어들 수 있을 것입니다.

전기차 수요가 가파르게 상승 보급

전기차 보급이 최근에 본격화되고 있습니다. 매년 수만 대씩 보급되고 있고 충전기 수도 늘어나고 있습니다. 지난 10년간 국내에 보급된 모든 전기차를 합해보면 머지않아 20만대가 됩니다. 기하급수적으로 늘어난다는 것이죠. 이제는 전기차가 단순한 미풍이 아닌 자동차 산업의 주류로 바뀌고 있다고 판단됩니다.

최근 주목을 받고 있는 자율주행차나 스마트카 등도 전기차와 기술적으로 시너지 효과를 낼 수가 있어서 더욱 큰 관심을 나타내고 있습니다. 그러나 전기차는 아직 가격이 높고 충전시설 등 단점이 많은 편입니다. 하지만 최근 많은 부분이 해결되기 시작하였고 경쟁력을 가지기 시작했습니다.

특히 파리기후변화협약 등 국제 사회에서 이산화탄소 등 환경문제가 심각하게 부각되면서 무공해 자동차인 전기차가 주목을 받을 수밖에 없고 그 중요성이 더욱 커지고 있다는 것입니다.

배터리 등 강점을 지니고 있음에도 우리는 전기차 등에서 아직은 우위를 차지하지 못하고 있습니다. 정부의 컨트롤타워 구축은 물론 제대로 된 시너지 효과로 새로운 미래의 먹거리를 확보해야 할 것입니다.

자동차 교환환불제도

자동차는 어느 제품보다 복잡하면서도 가격이 높은 만큼 내구성은 물론 품질측면에서 최고의 기능을 유지하여야 합니다. 특히 일생 동안 4~5대의 차량만을 교체하는 만큼 더욱 소비자의 애프터서비스 수준이 높아야 합니다.

문제가 발생하였을 경우 자동차리콜이나 무상 수리는 기본이고 심각할 경우 교환이나 환불도 당연히 해주어야 합니다. 그러나 지금까지 우리나라는 법적으로 제도적으로 자동차에 대한 교환이나 환불제도가 없다고 해도 과언이 아닙니다. 그 만큼 소비자가 하소연할 수 있는 기반이 없었다고 해야 합니다.

미국 등 선진국은 다릅니다. 워낙 소비자 중심으로 정부 등이 움직이다보니 문제가 발생하면 즉시 자동차 메이커에서 교환이나 환불을 해주는 경우가 많습니다. 최근 정부에서 미국의 레몬법과 같은 자동차 교환 및 환불제도를 마련하여 시행하고 있으나 실질적인 효과는 내지 못하고 있습니다. 제도 마련에는 추상적인 규정이 아닌 실질적인 보상이 될 수 있도록 사례 제시는 물론 유권해석 등이 가능한 소비자 중심의 제대로 된 규정이 만들어지기를 바랍니다. 충분한 개선을 통하여 실질적인 효과를 기대합니다.

무단횡단은 사망에 이른다

최근 교통사고로 인한 사망사고가 끊이지 않고 있습니다. 특히 무단횡단으로 인한 교통사고 사망자수가 많다는 것입니다.

운전자가 준비를 하지 못한 상태에서 갑자기 등장한 보행자로 인하여 강한 충격이 가해지면서 사망자수가 늘어나는 것입니다. 역시 고령자가 많고 새벽 등 청소나 파지 줍기 등 열악한 상태에서 일을 하는 노약자가 많다고 할 수 있습니다.

특히 횡단보도에서 멀리 떨어져 있거나 귀찮아하다 보니 지름길을 생각하여 무단 횡단하는 경우가 많습니다. 역시 문제는 무단 횡단자가 없을 정도로 지속적인 교육과 위험성을 홍보하고 알리는 것입니다. 특히 노약자가 많은 경로당 등을 비롯하여 노약계층을 집중적으로 교육하는 시스템이 필요합니다.

노약자는 야밤이나 새벽에 활동할 경우에는 밝은 옷 착용 등으로 멀리서도 보이게 만들어주는 것도 필요합니다. 당연히 정부당국은 횡단보도에서 너무 떨어져 있거나 지름길을 낼 수 있는 경우에는 적극적으로 설치 및 계도하여 무단횡단 사고 자체를 줄이는 노력도 병행해야 합니다. 눈에 잘 띄게 위험 안내문 설치도 당연히 필요할 것입니다.

자율주행차

최근의 화두는 자율주행차입니다. 모든 먹거리가 미래의 자율주행차로 몰리다보니 관련 이슈도 풍부해지고 있습니다.

지난 2016년에는 자율주차의 대명사인 구글카가 미국 LA에서 접촉사고가 나면서 처음으로 자신의 실수임을 인정하여 세계의 관심사 되었고 국내에서도 극히 일부이긴 하지만 처음으로 실 도로에서 자율주행차 시험운행을 하여 더욱 관심이 높아졌습니다. 이후 여러 번의 사고가 발생하면서 사망자수도 늘고 있습니다. 역시 큰 문제는 자율주행차의 완성도와 관련 법적 제도적 정비입니다.

폭우나 폭설, 수신호, 보행자와 운전자의 눈 맞춤인 '아이 컨텍트'가 불가능하고 우리 인간과 달리 윤리적인 부분의 한계점을 나타내고 있는 점이 자율주행차의 가장 큰 문제입니다. 여기에 사고책임에 대한 보험이나 관련 제도적 정비는 완전히 다른 접근이라고 할 수 있어서 각 국가마다 고민이 많은 상황입니다.

우리는 선진국에 비하여 낮은 기술 수준과 법적 미비가 문제입니다. 이제부터라도 제대로 된 준비와 철저한 검증으로 미래의 먹거리에서 뒤쳐지는 일이 없어야 할 것입니다. 아직 우리는 멀었다는 것입니다.

전기차 활성화

　현재 제주도 등을 비롯한 각 대도시 중심으로 전기차가 보급되고 있습니다. 매년 전기차 보급대수를 늘리고 있지만 아직 미흡한 부분이 많습니다. 내년에는 거의 만대에 이르는 전기차가 보급될 것이고 매년 기하급수적으로 늘 것입니다. 충전기도 마찬가지로 설치기수가 늘 것입니다.

　그러나 이웃 중국 등은 물론 선진국에 비해서는 턱도 없는 부족한 양입니다. 더욱이 활성화를 위한 각종 정책은 부족하다는 것입니다. 보급대수도 중요하지만 점차 줄어드는 보조금에 대해 활성화를 위한 다른 강력한 인센티브 정책이 필요하다는 것입니다.

　대국민 긍정적인 인식도 부족하고 전기차를 운행하고자 하는 동기도 부족하며, 명분도 약합니다. 제대로 하기 위해서는 한국형 선진모델이 꼭 필요합니다. 미래 먹거리 확보를 위해도 현재가 매우 중요합니다.

　제대로 된 컨트롤 타워가 구축되어야 하고 전기차 소유자들에게 강력한 인센티브를 통한 동기를 제공해야 합니다. 대도시에서의 버스전용차로에 대한 비보호진입도 하나의 방법입니다. 어느 누구도 나서지 않는다면 우리의 미래는 어둡다고 할 수 있습니다. 그러나 더욱 매진하고 노력한다면 좋은 결과가 도출될 것입니다.

이륜차 문화는 없다!

국내 이륜차 산업과 문화는 이미 무너졌습니다. 국내 시장에서 이륜차 세상은 존재하지 않습니다. 그 만큼 정부 차원에서 신경을 쓰지 않는다는 것입니다.

자동차등록제를 대신하고 있는 이륜차 사용신고제를 시작으로 보험제도, 정비제도, 검사제도는 물론 폐차제도 등 어느 하나 제대로 된 것이 없습니다. 당연히 교통 인프라도 이륜차를 위한 것은 없습니다.

아예 고속도로는 물론이고 자동차 전용도로 등도 OECD국가 중 유일하게 다닐 수 없습니다. 오직 폭주족과 퀵서비스의 부정적인 인식만이 남아있습니다. 단순히 노력도 하고 있지 않다는 것입니다. 오직 단속만 강화하고 문화적 선진화는 포기하였습니다.

이륜차 문화도 이미 무너져 오직 고배기량 수입 이륜차 중심의 동호인 모임만 있습니다. 이륜차 산업은 아예 포기하여 국내 이륜차 제작사는 주인이 여러 번 넘어가거나 업종을 자동차 부품으로 변신 중에 있습니다.

자동차 오일 하나 버리지 못하게 하면서 이륜차는 폐차제도도 없어서 산이나 강 등 아무 곳이나 버려도 됩니다. 이러고도 선진국 타령이니 한심하기 그지 없습니다. 선진국은 균형발전이 중요합니다. 각성해야 합니다.

난폭 운전

최근 보복운전과 난폭운전에 대한 강력한 처벌기준 마련과 함께 대대적인 신고도 이루어지고 있습니다. 강력한 단속에도 불구하고 전국적으로 많은 사례가 신고 및 처벌되고 있어서 과연 효과가 있는 지에 대한 의문도 발생하고 있습니다.

특성을 보면 누구나 대상이 될 수도 있고 누구나 보복운전자가 될 수도 있다는 것입니다. 역시 원인은 급하고 거친 운전은 물론이고 일상에서의 여유 없는 생활도 한 몫하고 있습니다. 자동차를 통하여 화풀이 대상으로 삼거나 무기로 삼는 것입니다. 역시 익명성도 중요한 이유일 것입니다.

무엇보다도 무조건적인 단속으로만 생각하지 말고 길게 보고 지속적인 교육을 하는 것입니다. 아직도 문제가 큰 운전면허제도는 물론이고 어릴 때부터의 상대방에 대한 배려와 양보의 중요성에 대한 교육은 기본입니다. 추상적인 기준의 난폭운전으로 선의의 피해자가 발생해서도 안될 것입니다.

흐름을 탈줄 아는 운전자와 양보와 배려의 운전자 양성은 지금의 운전면허제도와 단속 기준으로 불가능한 영역입니다. 근본적인 원인 파악과 길게 보고 교육과 단속을 병행하는 선진 기법 벤치마킹은 기본입니다. 다시 시작해야 합니다.

무서운 자동차 해킹

예전 해외 이슈 중 하나가 바로 자동차 스마트키 해킹이었습니다. 독일 운전자협회에서 우리 국산차를 비롯한 해외 차종 24개 기종을 모두 해킹하여 도난 등에 취약한 것으로 파악되었습니다. 그것도 쉽게 짧은 시간에 해킹하여 안이한 보안 구조에 경종을 울리고 있습니다.

이 뿐만이 아니라 얼마 전 미국에서는 여러 건에 이르는 차종을 원격으로 임의 해킹하여 운전자의 의도와 달리 차량을 조종하여 사고가 발생하는 등 탑승자의 생명에 직결되는 사고가 발생하여 자동차 보안에 경종을 울렸습니다.

문제는 향후 자동차가 자율화, 스마트화 되면서 더 많은 해킹사건이 발생한다는 것입니다. 향후에는 영화에서 본 살인사고도 자동차 해킹으로 발생시켜 심각한 사회적 문제로 등장할 수도 있습니다.

자동차 제작사는 단순히 소비자의 이목을 집중시키는 장치에 초점을 두고 판매에만 혈안 되기보다는 안전이 보장된 차종개발에 더욱 매진해야 합니다. 더불어 정부에서도 명확하고 객관적인 제도 마련을 통하여 안심하고 믿고 운행할 수 있는 자동차가 가능하도록 제도적 보완을 철두철미하게 해야 할 것입니다. 자동차 급발진 문제가 해결되지 않은 시점에서 더 큰 문제가 누적되지 않기를 바랍니다.

2016.4.17

테슬라 모델 3

최근 전기차 활성화에 대한 관심이 매우 높습니다. 특히 수년 전에 미국 테슬라의 모델3가 발표되면서 세계적인 예약에 접어들면서 1주일 만에 32만대라는 기록적인 예약 실적을 올리기도 했습니다.

최근의 전기차는 기존 전기차의 단점 중 가장 핵심적인 문제였던 가격과 주행거리가 획기적으로 개선되고 있습니다. 특히 각국 정부의 전기차 보조금을 제외하고 가격을 일반 내연기관차와 유사하게 낮출 수 있는 상용화 모델이 출시된다면 더욱 인기를 끌 것이라 확신합니다. 그러나 테슬라 모델3는 처음의 기대와 달리 수년이나 생산이 늦어지면서 고민은 많아졌습니다.

물론 실제 가격도 물류비와 세금, 보조금 지원 여부 등 여러 문제가 있고 최근에서야 보급하는 만큼 경쟁 전기차 모델의 수준이 높아지면서 경쟁력이 상실되었으나 아직 기대는 큽니다. 예전의 전기차 혁명의 아이콘이 살아나 전기차 시대를 앞당기는 역할을 하기 바랍니다.

그러나 아직 분명한 것은 테슬라 모델은 분명히 세계적으로 센세이션을 일으키고 있고 글로벌 메이커에 긴장감을 주고 있으며, 각국 정부도 고민하게 만들고 있다는 것입니다.

그렇지 않아도 선진국에 비해 늦은 우리나라의 경우는 더욱 고민이 많아졌습니다. 이번 기회를 통해 더욱 기존 문제점을 개선하고 노력하는 계기로 삼아 전기차 선진국의 기회가 되었으면 합니다.

2016.4.23

폭스바겐 리콜의 사연

수년 전 세계적으로 이슈화된 폭스바겐 불법 배출가스 조작사건에 대한 리콜이 진행되었고 마무리가 되었지만 최근 유사하데 폭스바겐과 아우디 차량의 질소산화물 저감장치인 SCR 문제로 벌금을 내고 판매가 중지된 사례가 나타나고 있습니다.

모든 차량은 배기 후 처리장치가 정상 동작되면 당연히 출력과 연비가 떨어질 가능성이 매우 높습니다. 예전에도 미국에서 시민단체의 시험을 통하여 배출가스장치가 정상 동작되면 일부 모델에서 연비와 출력이 떨어지는 현상을 확인하였습니다.

　폭스바겐사는 최근의 여러 문제로 인하여 브랜드 이미지에 큰 부정적인 영향을 받았습니다. 국내에서 판매모델도 금지를 당하고 시험절차도 까다로워지면서 본사 차원에서 디젤 생산을 줄이고 전기차 등으로 전환하려고 하고 있습니다. 폭스바겐사의 '**클린 디젤**' 혁명은 사라지고 국제 환경 규제도 점차 까다로워지고 있습니다. 일부 국가에서는 제작자의 친환경 의무 판매제로 더욱 친환경차 생산은 필수 요소로 강조되고 있습니다.

　국내 시장도 미세먼지 문제 등 다양한 문제로 디젤승용차 퇴출을 선언하고 있습니다. 환경부의 5등급제도 더욱 디젤 차량의 운행을 규제하기 시작했습니다. 물론 아직 연식만 따지는 비현실적인 규제로 인하여 제대로 된 방식을 고민해야 할 시기입니다. 차량마다 같은 연식과 주행거리도 관리적 측면에서 하늘과 따 차이를 나타낼 정도로 배기가스 상태가 다르기 때문입니다. 당연히 납득할 수 있는 객관적인 기준으로 규제 등이 필요할 것입니다.

공무원 순환근무제, 꼭 이래야 될까?

예전에 그 동안 계속 지적되어 왔던 공무원 순환근무제가 개선한다는 뉴스가 있었습니다. 해당 보직에 약 1~2년 근무만 하는 관계로 정책 수립을 하고 알만 하면 사라지는 경우가 대부분이었기 때문입니다.

특히 자동차 분야는 관련법이 복잡하고 타 부서와의 연계는 물론 이해관계가 얽혀있는 사례가 많아 최고의 전문성을 요한다고 할 수 있으나 지금까지 잦은 보직변경으로 아예 정책수립을 포기하는 경우가 비일비재하였다고 할 수 있습니다.

경우에 따라 1~2개월 사이에 주무관은 물론 과장, 국장까지 보직변경되어 아예 관련 정책은 물론 시스템이 중지되는 경우도 있었다는 것입니다.

일선에서는 발을 동동 구르고 항의를 하여도 아무 소용이 없는 '을'의 비애를 맛보는 경우도 많다고 할 수 있죠. 이제는 세종시로 내려가 10~20분을 위하여 '갑'을 만나는 영광은 하루를 버려도 된다고 비아냥되는 목소리도 들립니다.

진정한 국민의 공복으로 헌신하고 믿고 따르는 공무원이 재탄생하기를 인사혁신처의 철저한 준비가 진행되었으면 하는 바람입니다.

미쓰비시자동차는 없다?

일본 미쓰비시자동차가 닛산자동차로 인수되었습니다. 미쓰비시자동차는 최근 20여 년 동안 진행되어 온 연비조작 문제가 불거지면서 결국 견디지 못하고 닛산자동차로 합병된 것입니다.

미쓰비시자동차는 지금의 현대차 그룹이 있게 한 장본인입니다. 국내 최초의 양산차인 포니를 비롯하여 상당기간 동안 기술적인 기여한 기업이어서 더욱 아쉬움이 큽니다. 그러나 아무리 세계적인 글로벌 메이커이어도 시대적 감각에 뒤지거나 도덕적인 기업윤리가 무너지면 언제든지 한순간에 사라진다는 사례를 보여주었다고 생각됩니다.

최근 폭스바겐의 배기가스조작 등 다양한 문제점이 노출되고 있어서 더욱 타산지석으로 삼아야 합니다. 아직도 국내 메이커는 소비자의 신뢰를 제대로 받고 있지 못합니다.

그 만큼 소비자 배려와 보호는 뒷전이었고 오직 이윤 극대화에 매달렸다고 할 수 있습니다. 소비자가 봉이나 마루타가 아닌 제대로 된 국민기업으로 재탄생하는 것은 물론 능동적인 자세와 철저한 기업윤리로 진정한 글로벌 메이커로 자리매김하기를 바랍니다.

질소산화물을 잡아라 !

최근 환경부의 20개 차종에 대한 실제 도로의 질소산화물 배출검사에서 1개 차종을 제외한 19개 차종에서 3배에서 20배까지 질소산화물이 배출되는 것이 확인되었습니다.

이미 영국 등 다른 선진국에서도 유사한 결과가 나와 충격을 주고 있습니다. 그 만큼 보행자 등이 미세먼지를 만드는 원인물질에 많이 노출되어 있다는 반증이기도 합니다.

실내 인증기준의 2.1배까지만 질소산화물 배출을 인정한다는 강화된 기준이 발표되었지만 현 시점에서 국민은 불안합니다. 당연히 국민이 납득할 수 있는 신뢰성 높은 인증기준도 나와야 하지만 메이커도 더욱 환경기준을 만족시킬 수 있는 기술개발에 소홀히 하지 않아야 하는 이유입니다.

당장 판매에만 목적을 두지 말고 국민 건강을 고려한 국민기업으로 재탄생하였으면 합니다. 정부도 실적에만 급급하지 말고 연속성 있고 크게 보고 길게 보는 마스터 플랜을 세워야 합니다.

5년 단임의 대통령 임기로 인한 단발성 정책으로 급조형식의 정책을 지양하고 이제부터라도 좋은 정책은 이어지면서 국민의 가려운 곳을 긁어 주는 선택적인 선진 정책이 이어지기를 기원합니다.

자동차 급발진

최근 자동차 급발진 사고 영상으로 화제가 되었습니다. 자동차 급발진 사고는 지난 40여 년 동안 운전자에게 두려움의 대상이었습니다. 국내에도 매년 80~100건 정도가 발생하고 있으나 실제로는 20배 정도인 2천 건 정도로 판단되고 있습니다.

이 중 약 80%는 운전자 실수이고 나머지가 실제로 급발진이 발생하는 것으로 추정됩니다. 물론 우리나라에서는 미국과 달리 한 번도 재판에서 이긴 경우가 없습니다. 운전자가 자동차의 결함을 밝혀야 하는 불합리한 관행 때문입니다.

미국은 완전히 정반대로 제작사가 자사 차량에 결함이 없다는 것을 밝혀야 하는 구조여서 재판에서 합의하여 보상을 받는 경우가 많습니다. 국내에서는 운전자가 밝힐 수 있는 방법이 없습니다.

제 3자에게 의무 공개하고 있는 사고기록장치인 EDR도 전혀 도움이 안 되고 법적인 구조도 소비자가 불리한 구조 때문입니다. 실제로 2009년 말부터 생산된 차종은 누구의 책임인지 알 수 있는 방법이 있으나 도입을 하지 않고 있습니다. 측정되는 정보를 저장만 하면 되는데 말이죠. 외면하고 있는 것이죠. 이제부터라도 소비자 중심의 제도적 기반과 누구나 납득할 수 있는 해결구조가 구축되기를 바랍니다.

정부의 환경대책의 희망사항

최근 정부에서 미세먼지와 대기 환경 개선을 위한 대책을 발표하였습니다. 그러나 전반적인 대책이 심사숙고하여 나온 대책이기보다는 일회성 면피용 정책이라는 비판이 쏟아지고 있습니다.

말도 많았던 경윳값 인상이나 구이용 음식 판매 억제 등 비판이 거셌던 정책은 지양하고 2020년 30% 친환경차 판매, 노후 된 경유차 조기 폐차 등 다양한 정책이 쏟아졌다고 할 수 있죠.

문제는 정책에 대한 나열식 언급만 있을 뿐 실질적인 이행수단인 액션플랜이 없다는 것입니다. 여기에 가장 핵심적인 예산 확보 방법도 빠졌다는 것입니다. 역시 신뢰성을 높일 수 있는 지속 가능한 정책으로 보기보다는 당장 급한 불을 끈다는 단발성 느낌이 강하다고 할 수 있죠.

자동차 환경 정책은 10~20년을 길게 보고 국민의 설득이 필요한 장기적인 마스터 플랜이 중요하다고 할 수 있습니다. 길게 보고 멀리 예견할 수 있는 정책이 가장 중요한 만큼 5년 단임의 정권이 이어받을 수 있는 최고의 최적 자동차 환경 정책이 조성되었으면 합니다. 특히 국민의 신뢰성과 지속성장을 확인할 방법이 필수적으로 갖추어져야 한다는 것입니다.

소비자는 봉이 아니다!

최근 자동차 관련 뉴스가 큰 관심을 끌면서 소비자 보호에 대한 언급이 많아지고 있습니다. 예전 폭스바겐 배기가스 조작으로 인한 리콜도 늦장 진행하였고 미국과 달리 결국 소비자에 대한 사과나 보상도 미약하여 개인적으로 모여 소송을 진행하고 있을 정도였습니다. 그렇지 않아도 푸대접을 받는 소비자에게 한술 더 떠서 정부는 향후 리콜을 받지 않으면 운행정지까지 하게 하는 법을 만들겠다고 떠벌리기도 했었죠.

당연히 일을 저지른 제작사가 책임을 져야 하고 불편을 감수하는 소비자는 도리어 보상을 받아야 함에도 불구하구요. 항상 정부가 장담한 자동차 교환 환불제도도 제대로 진행되지 못하고 있습니다. 눈 가리고 아웅 하는 식의 형식적인 움직임으로 끝날 가능성도 높습니다. 그 만큼 지금까지 국내 소비자는 봉이고 마루타였습니다.

이제는 국내 제작사를 포함하여 수입사 여기에 정부까지 소비자 즉 국민을 얕보는 형태가 보입니다. 이제는 달라져야 한다는 것입니다. 정부는 국민을 위해 존재한다는 기본적인 생각을 지녀야 하고 이를 감시하는 시민단체나 언론 등이 소비자를 보호하는 다양한 움직임을 보여야 합니다. 선진국이 되는 길은 아직 멀고도 험난해 보입니다.

장마철 운전은?

본격적인 장마철입니다. 주택침수나 도로 유실 등 다양한 문제에 대한 대처도 중요하지만, 차량 관련 안전운전 등도 매우 중요합니다. 잘못된 주차로 인해 하천변에 세워둔 차량이 물에 떠내려가기도 합니다. 연간 수천 대가 침수되어 향후 중고차로 변신하기도 하여 피해는 더욱 커집니다.

안전운전 요령은 더욱 중요합니다. 속도는 감속하고 시야 확보를 위하여 와이퍼나 야간 주행을 삼가야 합니다. 침수된 도로를 지나다가 시동이 꺼지면서 차량을 버리기도 합니다. 깊이를 모르는 경우 당연히 돌아가야 합니다. 아니면 앞에 차량을 두고 확인하면서 철저히 준비하면서 건너야 합니다.

전조등 등 등화장치도 확실히 켜지는 지 확인하여야 합니다. 앞뒤 차의 간격도 더욱 넓히고 습관화된 3급 운전도 지양해야 합니다.

빗길에서는 다중 추돌사고도 빈번합니다. 당연히 차량관리도 중요합니다. 와이퍼 및 워셔액 보충, 등화장치 점검, 타이어 점검, 유리 김 서림 방지 등 기본을 갖추어야 합니다. 여기에 안전운전은 덤입니다. 안전! 아무리 강조해도 지나치지 않습니다.

모델S의 자율주행 사고

최근 미국 전기차 제작사 테슬라의 모델S가 자율주행 중 사고로 사망사고로 이어지면서 세계적 이슈가 되고 있습니다. 워낙 자율주행차의 핑크빛 미래로 인하여 긍정적인 인식만 주다가 실제로 사망사고로 이어지자 이에 대한 회의적이고 경계하는 모습도 나타나고 있습니다.

아침 출근길의 복잡한 사거리에서 자율주행은 머나먼 이야기일 수 있습니다. 워낙 수백만 가지 판단을 해야 하고 제도나 법적 한계와 책임소재 등 다양한 문제점이 많기 때문입니다.

여기에 폭우나 폭설, 먼지, 고장 난 신호등은 물론이고 수신호 등 다양한 인식을 전혀 못한다는 것입니다. 여기에 센서 등 고장이나 판단 잘못으로 사망사고가 이어질 수 있기 때문입니다.

기계의 한계성을 나타낸 만큼 더욱 세밀하고 체계화된 안전장치가 요구된다고 할 수 있습니다. 역시 아직 자율주행 기능은 운전자의 보조기능을 하는데 초점이 맞추어져야 합니다.

우선 자율주행을 통하여 연구된 각종 신기술을 타 차종 대비 차별화된 장치로 활용하는 것이 우선시 될 것입니다. 사람의 생명은 한건이라도 문제가 발생하면 절대로 사용할 수 없습니다. 아직 기계가 사람을 완전히 대신할 수는 없습니다.

여름철 타이어 점검은?

여름철이 본격화되면서 차량관리에 대한 고민도 많아지는 계절입니다. 물론 예전에 비하여 차량 내구성이 좋아지면서 운전자가 하는 일은 점차 줄어들고 있고 실제로 관심도 줄어든다고 할 수 있습니다.

그러나 기본적인 차량 관리와 안전운전을 알 수 있다면 순간적인 사고에 미리 대처할 수 있어서 생명을 구할 수 있습니다.

특히 관리 요령 중 타이어 점검은 아무리 강조해도 지나치지 않습니다. 타이어는 다른 장치와 달리 고속에서 사고가 발생하고 발생 순간 차량제어가 되지 않으면서 큰 대형사고로 이어질 수 있기 때문입니다. 그래서 타이어는 일일점검 부위라고 합니다.

하루에 한번 이상은 봐야 한다는 것이죠. 그러나 대부분의 운전자는 거의 보지 않습니다. 그래서 상당부분의 차량은 타이어 공기압이 적은 경우가 많다는 것입니다.

더욱이 더운 여름철은 타이어 공기압을 약 5~10% 높일 필요가 있습니다. 더욱 열기로 타이어 고무가 늘어지면서 기존의 공기압으로 타이어 형태를 유지하기 어렵기 때문에 더 많은 공기가 필요하다는 것입니다. 그렇다고 무리하게 많이 넣으면 도리어 위험해질 수 있습니다. 항상 타이어 공기압과 상태 확인은 생명을 담보로 한다는 사실을 꼭 인지했으면 합니다.

대형차 비상정지장치 의무 장착

예전 영동고속도로 봉평터널 입구에서 발생한 버스의 승용차 추돌사고로 여러 명이 목숨을 잃었습니다. 입구에 밀려서 정지된 승용차 뒤로 다가오던 버스가 속도를 줄이지 않고 그대로 추돌하면서 승용차가 형체를 알아보기 힘들 정도로 부서지면서 모두가 사망한 안타까운 사고입니다.

해당 영상이 추후 알려지면서 끔찍한 사고영상으로 모두가 충격을 받았다고 할 수 있습니다. 아무리 방어운전을 하여도 이와 같이 고속으로 달려드는 대형차에는 속수무책으로 당할 수밖에 없기 때문입니다. 소 잃고 외양간 고치는 격이나 유사한 사고가 발생하지 않도록 재발방지 장치가 중요하다고 할 수 있습니다.

버스나 트럭은 사람이나 짐을 많이 실으면 관성이 커지면서 속도가 빨라지게 되면 제동도 힘들지만 사고 발생 시 인명사고도 커질 수밖에 없습니다.

대책으로는 두 가지가 필요합니다. 하나는 트럭이나 버스 운전자들의 지속적이고도 효과적인 안전운전 방법입니다. 계속 주지시켜 중요성을 인식시키는 방법이죠. 또 하나는 운전자가 실수하여도 자동차 자체가 강제적으로 비상 정지할 수 있는 비상 제동장치의 의무정착입니다. 최근 선진국과 같이 의무 장착을 진행한 부분은 긍정적입니다. 다시는 관련 사고는 재발하지 않아야 합니다.

강화된 운전면허제도가 필요합니다!

　예전 부산 해운대에서 대낮에 시속 100km 이상의 속도로 돌진하던 차량이 여러 대의 차량과 그대로 충돌하면서 다수의 사상자를 내는 충격적인 사고가 있었습니다.

　이 운전자는 당시 속도를 줄이지도 않았고 음주운전, 졸음운전도 아닌 상태에서 어떻게 이런 사고가 발생했을까 하는 의구심이 들었으나 최근 나타나는 운전자의 전력으로는 '간질'이라는 뇌전증 환자의 가능성이 커지고 있습니다.

　운전 순간에 정신을 잃었고 기억도 못하는 순간적인 살인운전일 가능성이 크다는 것입니다. 그렇지 않아도 그전에 발생한 영동고속도로 봉평터널에서의 졸음운전으로 인한 버스의 추돌사고로 앞서 있던 승용차 탑승자 전원이 사망하는 사고도 있어서 더욱더 충격이 큰 상황입니다.

　우리의 면허제도는 선진국에 비하여 초보자가 취득하기도 극히 쉽지만 관리적인 측면에서 허술한 부분이 많다는 것입니다. 급증하는 고령자 운전에 대한 대책도 미흡하고 이번과 같이 정신적인 질환이나 치매. 심장질환, 정신병 등 심각한 질환에 대한 고려가 운전면허에 제대로 구현되지 못하다는 것이 더욱 큰 문제라 할 수 있습니다.

　수시검사가 있으나 아직도 제도적 뒷받침이 매우 약한 만큼 더욱 세밀한 법적 강화로 고귀한 생명을 앗아가는 사고는 절대로 발생하지 않는 시스템이 구현되기를 바랍니다.

날씨가 뜨거우면 차량도 힘들다

더위 속 차량관리와 운전법이 더욱 중요해지고 있습니다. 특히 한여름에는 폭염이 가중되면서 사람도 지치지만 자동차도 지치고 있습니다.

자동차에 무리가 가면 고장은 물론 안전에 직접적으로 위협을 주기도 하며, 교통사고도 증가한다고 할 수 있습니다. 그래서 기본적인 타이어 공기압을 적정 공기압으로 유지하기도 하고 엔진오일과 냉각수 관리는 물론 제동장치에 무리가 가는지도 확인하여야 한다고 할 수 있습니다. 여기에 운전자의 운전자세도 가다듬어야 합니다. 당연히 졸음운전은 가장 큰 적입니다. 중간에 쉬엄쉬엄 하는 것도 중요하고 휴게소에서 잠깐 자는 것도 필요합니다. 항상 습관화된 3급 운전도 지양하고 여유를 가지고 앞뒤 차의 간격을 충분히 띄우는 것도 필요합니다.

최근 사망사고가 많은 만큼 모두가 상기한 두 가지 면에서 문제가 있었다고 할 수 있습니다. 폭염이 지속되면 오후 가장 높은 온도를 피하여 아침이나 초저녁을 택일하여 움직이는 것도 좋습니다. 그리고 운전자도 교대하면서 가면서 무리가 가지 않는 운전이 꼭 필요합니다. 당연히 운전 시 주변에 큰 차를 두지 않는 것이 시야 확보 측면이나 혹시 발생할 수 있는 접촉사고에서 큰 사고를 피할 수 있습니다.

고령자 운전

고령자 운전에 대한 언급이 많아지고 있습니다. 이미 선진국은 고령자 운전으로 인한 각종 대책과 보완에 만전을 기하고 있으나 그래도 사고는 이어지고 있는 상황입니다.

우리는 세계에서 가장 빠르게 고령자수가 급증하는 국가입니다. 이에 따른 가장 후유증도 증가하고 있고 대책도 고민되는 부분도 많아지고 있습니다. 이중 심각한 부분이 바로 고령자 운전입니다.

고령자는 젊을 때에 비하여 운전 시 판단능력과 기기 조작능력이 떨어질 수밖에 없습니다. 그럼에도 불구하고 설문을 해보면 젊었을 때의 생각을 그대로 가지고 있어서 이 사실을 인정하지 않는 경우가 많다는 것입니다.

이미 우리나라에서도 고령자의 잘못으로 인한 교통사고가 증가하고 있습니다. 이 중 해외 선진국에서 하는 대책은 주로 적성검사 기간을 줄이고 치매 등 각종 노인성 질환 항목을 넣어 검사기준을 강화하는 것입니다. 심지어 수시 적성검사를 강화하여 논란이 계속되었던 뇌전성 환자 등 각종 문제가 있는 대상을 찾는 것도 중요합니다.

또한 일본과 같이 운전면허증 자진 반납 운동을 활성화하고 이 대상자에게 각종 혜택을 주는 것도 좋은 방법입니다. 하루속히 한국형 모델정립을 통하여 대안이 마련되어야 합니다.

졸음운전은 영면운전!

최근 발생하는 교통사고 중 졸음운전으로 인한 대형 사고가 자주 발생하고 있습니다. 특히 대형차의 승용차 추돌사고는 심각한 사망사고로 이어지고 있습니다.

당연히 비상자동 제동장치의 의무 장착도 중요하지만 무엇보다도 운전자의 자세가 가장 중요합니다. 피로한 상태에서는 누구도 졸음운전을 피할 수 없습니다. 쉬는 것이 가장 중요합니다.

운전을 직업으로 하는 경우에는 운전 몇 시간 후 의무적으로 쉬는 규정을 두겠다고 하였으나 철저한 관리가 더욱 중요합니다. 유럽에서는 단 1분을 덜 쉬어도 무서운 벌금이 부과될 정도로 관리가 잘 되고 있습니다. 당연히 일반 운전자는 1~2시간마다 필히 쉬어야 하고 무리한 야간운전이나 새벽 운전을 피해야 합니다.

항상 우리에게 있는 급출발, 급가속, 급정지 등 3급 운전도 피해야 합니다. 특히 앞뒤 차의 간격이 좁은 것은 너무 위험합니다. 여유 있게 띄우고 양보하는 자세가 중요하고 이러한 에코드라이브 운전자가 승자가 된다는 사실을 알았으면 합니다. 졸음쉼터도 더 만들어야 하고 계도성 홍보도 지속적으로 해야 합니다. 졸음운전은 사망비율이 약 90%가 된다는 사실을 직시하고 모든 방지대책을 동원해야 합니다.

음주 운전은 살인행위

연말 음주운전 하시는 분 없으시죠. 연말이 되면 적지 않게 저녁 자리가 많은 연말입니다. 저녁이라도 하게 되면 당연히 반주 한두 잔 오고가는 것이 습관화되어 있다 보니 꼭 반주가 함께 하는 경우가 많습니다.

항상 매년 연말부터 연초까지 음주운전 단속을 경찰이 하고 있지만 음주 운전은 무서워서가 아니라 무엇보다도 다른 사람의 생명을 담보로 하는 살인행위이기 때문입니다. 저녁 약속이 있으면 꼭 차량을 놓고 대중교통을 이용하거나 피치 못하게 차량은 운전하게 되면 돌아올 때 꼭 대리운전을 해야 한다는 것입니다.

한 잔이 두 잔 되고 결국 음주에 취하거나 아예 기억이 나지 않을 정도로 마시고 자신도 모르게 운전하는 경우도 있습니다. 음주 시에는 아예 배석자 가 운전을 못 하게 하거나 처음부터 차량을 가져오지 않는 방법이 좋습니다. 특히 본인이 하지 않는 자세가 가장 핵심입니다. 강력한 처벌조항도 당연히 강화되어야 하지만 문화 자체가 음주는 하지 않는다는 강력한 의지가 더욱 확산되어야 합니다. 음주운전은 살인행위입니다.

VEHICLE
TRAFFIC

60초 쓴소리

2017년

정초에 부치는 글

2017년 새해가 밝았습니다. 지난 1년을 회상하며, 새로운 마음으로 다짐을 합니다. 다양한 1년 계획이 있으나 무엇보다 하나하나 실천 가능한 계획을 세우고 마무리하는 자세도 꼭 필요합니다. 특히 자동차 안전과 관련된 부분은 아무리 강조해도 지나치지 않습니다.

아직 국내는 자동차 관련 사고도 많고 안전에 관한 인프라나 운전자세도 매우 부족한 실정입니다. 특히 교통사고 빈도수나 사망자수도 OECD국가 중 낮은 국가에 속합니다. 그래서 더욱 안전에 안전을 기해야 합니다.

교통사고는 다른 사고에 비하여 인재人災의 성격이 커서 더욱 본인에게뿐만 아니라 주변 가족에게도 평생 후회의 연속이 되기도 합니다. 평상시보다 올해는 한 템포 느린 운전과 양보 운전, 즉 3급 운전을 지양하는 것이 필요합니다.

항상 마음다짐을 하지만 쉽게 양보운전은 쉽지가 않습니다. 자기 최면을 걸고 다른 사람을 배려하는 마음을 항상 가지도록 하고 출근 시 5분 빠르게 움직여서 여유를 갖는 것이 필요합니다. 또한 비상 용품 준비와 활용방법 등 비상 시 대처방법 등을 미리 숙지하는 것이 필요합니다. 안전에 안전을 거듭해도 지나치지 않습니다. 특히 자동차는 더욱 그렇습니다.

과속방지턱의 필요악

교통관련 인프라는 안전을 위한 핵심 필수조항입니다. 선진 교통인프라와 안전운전이라는 두 마리의 토끼를 잡아야 실질적인 교통사고 자체를 방지할 수 있습니다. 우리는 아직도 교통 인프라 중 문제가 있는 부분이 많습니다. 아무리 안전운전을 하여도 잘못된 교통 인프라는 사고를 유발시킬 수 있고 책임도 정부나 지자체에 있다고 할 수 있습니다. 하루속히 이러한 문제는 해결하여야 합니다.

이중에서 과속방지턱도 문제입니다. 과속방지턱은 실제로 필요한 곳에는 안전에 가장 중요한 핵심 시설이지만 필요 없는 곳에서는 사고를 유발할 수 있는 위험시설이 될 수 있습니다. 우리나라는 세계에서 가장 많은 과속방지턱을 가지고 있다고 할 수 있습니다. 몇 개인지 정상적인 것이 몇 개인지 파악할 수 없는 경우도 있습니다.

과속방지턱의 높이나 폭을 임의로 하거나 아예 도색을 하지 않아 운전자가 극히 위험한 상황이 발생하기도 합니다. 불법 과속방지턱으로 사고가 발생하거나 심지어 사망한 경우도 있습니다. 해외에서는 이러한 우리의 과속방지턱으로 스포츠카의 지옥이라고 합니다. 차량 밑바닥이 엉망이 되기 때문입니다.

혼동을 일으키는 도색만 한 가짜 과속방지턱도 없애야 합니다. 이제부터라도 제대로 된 기준으로 필요한 곳에는 제대로, 필요 없는 곳은 제거하는 선진형 교통인프라가 필요한 시점입니다.

소비자가 봉인가요?

올해는 과연 자동차 분야에서 소비자를 제대로 보호하고 배려할 수 있는 법적·제도적 장치가 마련될 수 있을까 기대도 해보지만 쉽지 않을 것입니다. 우리나라는 수십 년간 먹거리 차원의 경제개발에 초점을 두다보니 소비자에 대한 제도적 보완은 소홀한 것이 사실입니다.

특히 자동차 분야는 더욱 그렇다고 할 수 있습니다. 아직 신차에 문제가 발생하면 단순히 지정 정비업소에 가라고만 하지 계속되는 문제점에 대하여 소비자가 보상받을 수 있는 방법이 전혀 없습니다. 지난 해에도 자동차 교환이나 환불을 요청한 소비자 중 목적을 달성한 사람은 손으로 꼽을 정도입니다. 거의 불가능하다고 할 수 있습니다. 정부에서도 레몬법 등 관련법 정비를 나서고 있지만 아직은 유명무실합니다.

미국과 같은 소비자 중심의 공공 기관이 나서서 소비자를 배려하고 보호하는 시스템이 부럽기만 합니다. 특히 미국과 같이 징벌적 보상제로 제작사가 직접 나서서 보상하는 일이란 우리나라에서는 불가능한 일입니다.

언제까지 이렇게 살아야 할까요? 이제는 바뀌어야 합니다. 자동차 급발진 문제도 그렇고 어느 하나 자동차 분야에서 속 시원한 해결책은 보이지 않습니다. 정권이 바뀔 때마다 기대해보지만 역시 지난 번과 같은 사례가 되지 않을까 우려됩니다. 그래도 계속 노력해야 하겠죠.

2017.1.22

이륜차 문화의 정착이 필요하다

최근 국회에서 이륜차 보험제도 개선을 위한 정책토론회가 있었습니다. 다양한 이륜차 보험에 대한 언급이 있었고 개선방안에 대한 발언도 많았습니다. 그러나 우리나라는 단순히 이륜차 보험만의 문제가 있는 것은 아닙니다. 이륜차는 아예 이륜차 산업과 문화가 없을 정도로 완전한 불모지이고 후진국 상태라 할 수 있습니다.

이륜차 면허제도, 사용신고제도, 정비제도, 검사제도, 보험제도, 폐차제도는 물론 이륜차 관련 인프라에 이르기까지 완전한 불모지라는 것입니다. 이륜차 산업은 1997년 IMF 이전에는 연간 약 29만대씩 판매되다가 현재는 약 12만대 정도입니다.

  두 개의 국내 이륜차 메이커는 명맥만 잇다가 하나는 현재 휴무상태로 설비를 모두 중국으로 이전하였고 나머지 하나는 오직 전기 이륜차만 생산하고 있습니다. 오직 고배기량 수입 이륜차 중심의 동호회만 있다고 할 수 있습니다.

  정부의 친환경 이륜차 개발은 고사하고 관련 제도 개선에도 문외한이고 관심조차 없었다고 할 수 있습니다. 즉 이륜차 관련 시스템은 없다는 것입니다. 이륜차는 분명히 공로상에 일반 자동차와 공존하는 인류의 이동수단입니다.

  선진국은 이륜차의 장점을 살려 친환경으로 유도하고 선진 시스템을 곳곳에 심어 제도는 물론이고 문화적 측면에서 즐기고 활성화에 노력하고 있습니다. 지금부터라도 정신을 차리고 균형발전은 물론 일반 자동차와 이륜차가 조화를 이루는 선진형 시스템으로 하루속히 바뀌도록 노력하여야 합니다.

중고차 거래는 고객 중심이어야 합니다!

작년 국내 중고차 거래 규모는 약 380만대, 약 30조원 시장에 이릅니다. 연간 신차 규모의 2배가 넘을 정도로 매머드 시장이라고 할 수 있습니다. 이미 규모는 선진국형으로 진입했다고 할 수 있으나 문제는 중고차 문화가 후진적이라는 것입니다.

각종 중고차 문제로 신고 되는 건수가 적지가 않습니다. 허위 · 미끼매물 문제, 허위 당사자 거래문제, 대포차 문제, 성능점검 미고지 문제는 물론이고 중고차 단지 앞 호객행위도 아직 있습니다.

단지 내에서 차량 몇 대만 보면 꼭 구입해야 할 정도로 분위기를 위협적으로 하거나 험악하게 만들기도 합니다. 우리 주변에서는 볼 수 없는 전형적인 후진국형 모델이라고 할 수 있습니다. 아직도 이러한 영역이 남아있다는 것이 놀랄 정도입니다. 그 만큼 할 일이 많다고 할 수 있습니다. 얼마든지 해결할 수 있는 방법은 많다는 것입니다.

방법은 많으나 해결하고자 하는 의지가 중요합니다. 특히 정부의 의지가 무엇보다 중요합니다. 하루속히 해결할 수 있는 대안을 마련하여 누구나 쉽게 중고차를 믿고 구입할 수 있는 선진형 시스템이 안착되기를 바랍니다.

2017.2.7

미세먼지의 근원을 찾읍시다!

미세먼지 문제 아시죠. 매년 미세먼지 경보가 여러 번 발생하면서 공기질에 대한 관심이 부쩍 늘었습니다. 예전에는 폭스바겐 디젤게이트 문제도 겹치면서 자연스럽게 미세먼지의 근본 물질인 질소산화물을 과다 배출하고 있는 디젤차가 부각되면서 디젤차의 위기로까지 나타났고 미세먼지 원인물질에 대한 관심도도 당연히 높아졌습니다.

당시 정부에서는 근본 원인과 대책은 물론 주범 중의 하나인 자동차에 대한 각종 규제 등 다양한 대안을 내놓기도 하였습니다. 해를 넘긴 현 시점에서 미세먼지 등 공기질 개선에 대한 정부의 대안은 현 시점에서 무엇이 있을까요? 특별한 것이 없는 상황입니다. 이미 올해에도 여러 번 미세먼지 나쁨으로 인한 외부 활동 유의에 대한 언급이 여러 번 있었으나 근본적인 치유방법은 가시적으로 없는 상황입니다. 근시안적으로 당시의 위기만 넘기는 꾀만을 부릴 것이 아니라 근본적인 대안을 제시하여야 합니다. 지역별 미세먼지의 원인과 맞춤형 대안이 나와야 합니다. 중국만 탓할 것이 아니라 국제간의 공조는 물론 국내 원인에 대한 적극적인 대처도 필요합니다. 언제까지 남 탓만 하고 당시의 위기만 넘길 것인지요? 길게 보고 정권이 바뀌어도 신뢰성 있는 지속형 마스터 플랜이 필요한 시점입니다. 국가 기구를 설립하여 진행하고 있으나 아직은 미흡하다고 할 수 있는 만큼 더욱 매진해야 합니다.

국내 자동차산업의 위기

국내 자동차산업의 상황이 좋지가 않습니다. 전통적이면서 글로벌 시장의 기본을 제시하는 미국시장의 경우 트럼프 정부가 들어서면서 보호무역주의나 자국 우선주의로 급선회하고 있습니다.

완성차 수입을 금기 시 하면서 자국에서 부품을 공급하고 자국에서 자동차를 생산하여 판매하라고 압력을 가하기 시작했습니다. 우리나라와 같이 FTA를 통하여 글로벌 시장에서 부품을 공급하고 전 세계를 대상으로 판매하던 방식이 위기를 겪기 시작했다는 것입니다.

중국도 닮아가고 있습니다. 전기차를 필두로 친환경차에 대하여 자국 배터리를 사용하고 자국에서 생산된 자동차만을 판매하는 방식에 더욱 가속도를 높이고 있다는 것입니다. 자국 생산 차종에 대한 보조금 지급 등 모두가 자국 위주로 정책이 바뀌고 있다는 것이다.

틈새시장에서 몸을 가누었던 우리나라는 고민사항이 많아졌습니다. 한 템포 빠른 정보 수집과 냉철하고 확실한 판단과 액션 플랜이 필요하고, 정부의 컨트롤타워 구축도 필수적인 조건입니다.

여기에 동남아 등 새로운 시장 개발과 진입, 경쟁력 있는 자율주행차와 친환경차 기술 개발, 각국의 쇄국정책에 대한 설득과 대책은 기본이라 할 수 있습니다. 더욱 정신 차리고 제대로 된 대처와 또 한 번 대한민국의 기적을 자동차 분야에서 만들었으면 합니다.

전기차 보급 활성화

전기차 보급이 점차 활성화되어 가고 있습니다. 이미 10만 여대를 넘어 내년 정도에는 20만대에 이를 것입니다. 매년 6~7만대 정도 보급이 이루어지고 있습니다.

또한 가장 불편한 문제였던 공공용 충전기도 모두 1만 4천기가 설치되었습니다. 특히 한번 충전에 2백km 정도 주행하였던 기존의 전기차가 현재는 5백km가 넘은 차종이 이미 등장했습니다. 내년에는 대부분의 국내외 전기차가 모두 5~6백km 주행거리 정도의 차종이 즐비하게 많아진다는 것입니다. 선진국 수준으로 보급대수가 늘면서 정부의 보조금을 벗어난 실질적인 민간 비즈니스 모델이 필요해지고 있습니다. 특히 다른 선진국 심지어 중국보다도 우리는 정책이나 보급은 많이 따라갔지만 선도적인 기술을 보유한 주도권을 쥐어야 하는 시기입니다.

미래의 먹거리 차원에서 전기차는 우리의 중요한 수출품목입니다. 국내 시장이 활성화되어야 수출도 자신감을 가지고 진행할 수 있습니다. 아직도 미흡한 전기차 운행자를 위한 강력한 인센티브 정책이 필요하고 충전 인프라와 관리 등 선진 한국형 모델이 필요합니다.

더욱이 국민에 대한 긍정적인 인식이 확산될 수 있는 홍보와 캠페인 활동도 요구됩니다. 올해를 비롯하여 내년으로 이어지는 강력한 효과가 나오기를 바랍니다.

횡단보도 사고가 심각하다

횡단보도 교통사고가 심각합니다. 매년 300명 안팎의 사망자가 발생하여 적어도 이틀에 한명 꼴로 사망자가 발생하고 있다는 것입니다. 물론 여러 가지 이유가 있습니다.

도심지의 차량 속도가 높고 우회전 신호도 없어서 주위의 확인이 부족환 상태에서 운행하다가 사고가 나는 경우도 많습니다. 그러나 무엇보다도 운전자의 3급 운전이 문제입니다. 즉 급출발, 급가속, 급정지라고 할 수 있습니다. 횡단보도 신호등이 완전히 바뀌기 전에 차량은 앞으로 다가가고 보행자는 신호가 깜박이는 순간에도 무작정 달려갑니다. 조우할 수밖에 없습니다.

모든 것이 바뀌어야 합니다. 보행자나 운전자 모두 안전의식이 중요하고 준법정신이 필요합니다. 반복적인 교육을 통하여 어릴 때부터 세뇌될 정도로 준법정신이 무장되어 있어야 합니다. 교통인프라 선진화도 필요합니다.

도심지 속도도 기존 60km에서 50km로 낮추고 횡단보도도 더 설치하여야 하며, 당연히 우회전 신호도 설치하여 근본적으로 사고를 줄여야 합니다. 또한 횡단보도 앞 차량정지선도 너무 가까운 만큼 더 멀리 띄워서 안전에 안전을 기해야 합니다. 어린이 보호구역인 스쿨존은 더욱 조심하여야 합니다. 이제부터라도 철저히 준비하여 OECD국가 중 악명이 높은 교통사고율을 횡단보도부터 줄이도록 해야 합니다.

최근 전국 지자체에서 시행하기 시작한 50/30 프로젝트는 속도를 줄이는 데 크게 기여하여 사고 자체도 줄일 것입니다. 도심지에서 최고속도 시속 50km, 이면골목 등에서는 최고속도 시속 30km를 유지하는 정책입니다. 상당한 기대를 가지고 있습니다.

봄을 타는 자동차

벌써 봄이 오고 있습니다. 옷도 바뀌고 집안도 대청소를 합니다. 이중에서도 자동차도 역시 몸단장을 하여야 합니다. 특히 다른 계절에 비하여 자동차는 수개월 동안 추위로 손도 대지 않았던 자동차인 만큼 봄철 자동차 관리는 안전이나 내구성 측면에서 가장 중요한 시기라고 할 수 있습니다.

우선 자동차 세차가 중요하겠죠. 하부에 묻어있던 염화칼슘 등은 부식이나 고장을 유발할 수 있는 암적인 존재입니다. 자동세차 시 1~2천원만 더 주면 하부세차까지 깔끔하게 할 수 있습니다. 여기에 기본적인 타이어 공기압과 상태도 중요하고 스노타이어도 정상적인 타이어로 교체하여야 하며, 엔진오일이나 브레이크 오일 등 각종 오일류도 점검하여야 합니다. 여기에 배터리와 워셔액과 와이퍼 고무 등 단순한 소모품도 점검하여야 합니다. 역시 세차와 함께 트렁크 정리도 중요합니다.

겨울철 용품 중 스노체인도 다시 기름칠하여 녹슬지 않게 보관하고 정리하면 무게도 가벼워지면서 연비도 올라갑니다. 여기에 실내 청소도 깔끔하게 하면 좋습니다. 구석진 곳곳을 청소하면 실내 공기질이 좋아지면서 알레르기나 아토피도 방지할 수 있습니다. 새롭게 다가온 봄을 만끽하면서 차량 대청소 등 관리를 철저히 하여 안전과 내구성은 물론 연비도 고려하면 가장 좋을 것입니다.

2017.4.2

자동차 부식은 암이다

소비자 불만 사항 중에 자동차 부식에 대한 불만도 많습니다. 새 차를 구입한지 몇 년도 되지 않아 차량의 부식이 심각하게 진행되는 경우도 많고 특정 부위가 심각하게 부식되는 경우도 종종 있습니다.

문제는 겨울철 염화칼슘에 심각하게 노출되었다든지 아니면 해변에서 바닷물에 항상 노출되지 않았음에도 부식이 발생하고 있는 점이 문제입니다. 차량 관리 측면에서 문제가 없는 데 발생한다는 것이죠.

자동차 부식은 사람의 암과도 같아서 눈에 띌 정도로 진행되면 이미 보이지 않는 차량 하부 등에 심각하게 진행된 경우도 많습니다.

이러한 자동차 부식은 도장 전에 사용하는 철판에 문제가 있는 경우가 많습니다. 이른바 아연도강판 사용이죠. 아연도강판은 강판에 특수한 방법으로 아연 도금을 입혀 부식 등 철판을 보호하는 막이라 할 수 있습니다. 도장이 벗겨져도 부식이 잘 발생하지 않습니다.

수출용은 모두 아연도강판을 사용합니다. 습기가 많고 비가 많아서 차량을 미리 보호할 필요가 있는 지역이라고 강조합니다.

우리 시장도 예외는 아니죠. 문제가 심각하여 소비자의 불만사항은 누적되고 있습니다. 문제가 발생하면 메이커는 '법대로 하라'는 식이고 정부도 외면하고 있죠. 이제는 바뀌어야 합니다. 모든 차량용 강판에 아연도금강판을 의무적으로 사용하는 규정을 두어야 합니다. 이제는 변해야 한다는 것이죠.

2017.4.9

춘곤 운전은 쥐약이다!

졸음운전이 가장 많이 오는 계절, 봄입니다. 주변 경관도 좋고 차량 창문을 열면 시원한 바람도 들어오면서 모든 것을 만끽할 수 있는 계절이 바로 봄입니다. 나들이 차량은 물론 모두가 주변 경관을 느끼기 위하여 나갑니다.

주말이면 차량과 사람, 이륜차, 자전거 등 모두가 도로로 쏟아져 나옵니다. 그러다보니 교통사고도 늘어나는 계절이죠. 모든 것을 주의해야 할 계절이면서도 특히 졸음운전은 가장 위험합니다. 점심을 먹고 바로 운전을 할 때 한 시간 정도 지나면 춘곤증이 집중적으로 몰려옵니다. 이때는 허벅지를 꼬집는 등 갖은 방법을 동원하여도 잠을 쫓을 수가 없습니다. 역시 졸음을 쫓을 수 있는 방법은 휴게소나 졸음쉼터에서 잠시 눈을 붙이는 방법뿐입니다.

항상 강조하는 바와 같이 졸음운전으로 인한 교통사고는 사고 시 준비가 되지 않아 사망률이 90%에 이릅니다. 누군가 옆 좌석에 있으면 조금은 도움이 되지만 나 홀로 운전이 무섭습니다. 그래서 장거리를 혼자서 운전하는 경우는 더욱 졸음운전 등 안전에 유의를 하여야 합니다.

고속도로는 더욱이 같은 길을 같은 속도로 진행하다보니 주변 경관이 변하지 않아서 졸음운전에 더욱 위험합니다. 미리부터 확실히 잠을 충분히 잔다든지 동행이 있어서 교대운전 등을 하고 휴게소 등에서 쉬는 방법만이 졸음운전을 예방할 수 있습니다. 꼭 주의하시기 바랍니다.

2017.4.16

스텔스 카 Stealth Car

최근 어두운 저녁에 길거리 운전을 하면서 깜짝 놀라는 장면 중의 하나가 바로 시커멓게 다가오는 일명 스텔스 카입니다. 차폭등이나 기타 등화장치가 켜있지 않아서 주변에서는 전혀 보이지가 않습니다.

예전에는 없던 이러한 스텔스 카가 주변에 많이 보이는 이유는 무엇일까요? 그렇다고 운전자가 일부러 꺼놓고 운전하지는 않을 것입니다. 운전자는 모른다는 것입니다. 최근 자동차는 운전석에서 계기판을 보면 자체 발광되거나 등화가 되어 자신도 모르게 다른 외부 등화장치가 켜져 있는 것으로 알고 있다는 것입니다. 심지어 초보운전자가 등화장치 스위치를 몰라서 못 켜는 심각한 경우도 있다는 것입니다.

　문제는 다른 운전자가 주변의 차량을 인지하지 못해 큰 사고로 이어질 수 있다는 것입니다. 실제로 아찔한 경우가 많다고 하는 운전자가 많습니다. 빠른 조치가 필요합니다. 당연히 안전에 직결되는 만큼 단속도 중요하구요. 우선 시스템적으로 계기판과 외부 등화장치를 연동시켜 항상 외부 등화장치가 켜져 있게 만드는 것이 중요합니다. 우선 실태 파악과 함께 큰 사고로 이어지지 않게 계몽부터 하여야 합니다.

　그렇지 않아도 우리 운전방법은 어두워져도 등화장치를 켜지 않는 운전자가 많은 만큼 홍보나 캠페인 활동을 통하여 어두워질 때나 심지어 흐리거나 비가 오는 날 등 궂은날에 등화장치를 켜는 습관이 꼭 필요합니다. 물론 최근의 자동차는 낮에도 켜는 주간주행등 DRL이 있으나 한밤중에 아예 등화장치를 꺼놓고 달리는 스텔스 카는 무엇보다 위험하다고 할 수 있습니다. 나부터 챙기면서 운전하기를 바랍니다.

운전 중 휴대폰 사용?

최근의 한 조사에서 운전 중 휴대폰 사용이 90% 정도에 이르는 것으로 나타나 충격을 주고 있습니다. 실제로 운전 중 통화로 인하여 사망사고도 발생하였습니다. 그 만큼 운전 중 휴대폰 사용은 어떠한 경우도 위험한 만큼 엄격한 단속도 필요하지만 자정적인 노력으로 사용자체를 하지 않는 것이 중요합니다. 합법적인 이어폰 사용 등을 활용하여도 마찬가지로 위험합니다.

대부분 운전 중 통화를 하다가 내용이 집중도가 필요한 경우 통화기간 동안 어떻게 운전을 했는지 도통 기억이 없는 경우를 누구나 겪었을 것입니다. 운전자는 두 가지 일을 동시에 할 수는 없습니다. 그 순간 운전자, 보행자 모두 위험에 노출되게 됩니다.

물론 첨단장치를 통하여 휴대폰 문자가 헤드업 디스플레이 장치를 통하여 앞 유리에 투영되거나 말을 하면 문자로 자동전송되는 음성인식 및 합성장치도 곧 실제 적용되게 됩니다. 그러나 무엇보다 운전자 자신의 자정기능을 통하여 운전 중 휴대폰 사용을 자제하는 것이 필요합니다.

급한 용무인 경우 신호등 앞에서 잠시 정지 시 합법적으로 짧게 활용하거나 차량을 안전하게 정지시키고 통화를 하는 것이 필요합니다. 자동차 안전, 휴대폰 사용부터 자제해야 합니다.

장애인을 위한 운전 정책

지난 주 장애인의 날이 있었습니다. 그 날에는 대선주자들도 모두가 나서서 장애인 정책을 배려하겠다고 선언하였으나 아직 단편적이고 전체를 보는 시각은 매우 부족합니다.

국내의 장애인 정책은 매우 후진적이고 체계적이지 못합니다. 특히 장애인 이동권 확보는 무엇보다 중요합니다. 지하철 계단 리프트나 버스 리프트를 이용하는 경우를 한 번도 보지 못했을 것입니다. 일반인의 불편한 눈초리를 보면서 누가 할 수 있겠습니까? 형식적인 전시행정이라 할 수 있습니다.

장애인의 유일한 이동 수단은 자가용입니다. 시간은 서너 배 걸리지만, 눈치 보지 않고 본인이 알아서 할 수 있고 가장 활용할 수 있는 방법이기 때문입니다. 그러나 조금 심하면 차량 가격보다 보조장치 가격이 높고 수입 장착하는 경우가 많으며, 국내는 고가장치를 개발하거나 보급하는 경우도 쉽지 않고 정부의 인식도 거의 없다는 것이 문제입니다. 정부나 메이커 모두 관심도 없고 무엇이 문제인지 조차 인식이 되어 있지 못합니다.

장애인 운전재활 정책에 대한 총체적인 인식개선이 필요한 시점입니다. 컨트롤 타워도 꼭 필요하구요. 장애인의 90% 이상이 후천적으로 발생한다는 사실을 일반인이 인식하고 배려와 보호가 필요한 시점입니다. 정부의 총체적인 문제점을 인식부터 하고 대안을 마련하기를 바랍니다.

2017.5.7

어린이는 움직이는 빨간 신호등

그저께는 어린이 날이었습니다. 그러나 밝게 커야 할 어린이들에게 노출된 환경은 그다지 좋지 않습니다. 특히 교통사고는 OECD국가 중 매우 높다고 할 수 있습니다. 그 동안 열심히 노력하여 점차 줄어들고 있지만 아직은 매우 높다고 할 수 있습니다.

아동 사망사고 중 교통사고 사망률이 44%에 이르고 특히 횡단보도 사고가 81%를 차지합니다. 물론 원인은 어린이 보호구역 의무사항 불이행이고 운전자의 주의 산만 등 안전운전 의무 불이행이 원인입니다. 그래서 다양한 노력이 필요합니다.

스쿨존 내에서의 저속 운행과 주정차 금지 등 안전을 지키고 인식도 개선해야 합니다. 골목길, 횡단보도 등 어린이가 갑작스럽게 뛸 수 있는 공간도 특히 주의해야 합니다.

등하교 시간은 더욱 중요하고 돌발행동이 많고 뛰는 특성을 지닌 어린이에 대한 강도 높은 주의가 필요합니다. 어린이는 움직이는 빨간 신호등이라 할 수 있습니다.

운전자의 교육도 꼭 필요하고 가정이나 학교에서 지속적인 어린이 교육도 병행해야 합니다. 여기에 주변 안전 교통 인프라 조성도 꼭 필요합니다. 실질적인 어린이 교통사고가 줄어들기를 바랍니다.

대통령 공약

　대통령이 선출되었습니다. 대통령 탄핵 이후 어렵게 선출된 만큼 이제는 힘을 모아 어려운 난제를 해결하여야 합니다. 북핵문제, 중국 문제는 물론 미국의 보호주의 경향을 대처하기 위한 각종 정상회담 등 해결하여야 할 과제가 한둘이 아닙니다.

　이중에서도 자동차 및 환경관련 문제도 해결과제입니다. 환경은 당장 미세먼지에 대한 대책입니다. 영역별 미세먼지의 정확한 원인 및 맞춤 대책이 필요합니다. 당연히 중국발 황사와 미세먼지 문제도 해결과제입니다. 워낙 최근에 미세먼지 등에 민감하다보니 국민적 관심사가 크기 때문입니다.

　자동차도 말할 필요가 없습니다. 노후 경유차 폐차 및 친환경차 활성화 제도 모두 좋으나 가능성 있는 공약이 중요합니다. 당연히 현실성 있는 재원마련은 기본이고요. 특히 가능성 없는 포퓰리즘 정책을 경계합니다. 항상 국민을 현혹시키고 아니면 말고식의 정책은 확실히 지양하고 정권이 바뀌어도 지속성 있는 정책이 필요합니다.

　좋은 정책은 전 정권에 이어 받아서 업그레이드 시키고 새로운 정책을 가미하여 국민을 행복하고, 안전하게 만들어야 합니다. 특히 신뢰성 있고 모범적인 지도자를 국민은 원합니다. 하나하나 신뢰성을 쌓으면서 굳건한 대한민국으로 재탄생하기를 바랍니다.

고령자 운전 및 보행자의 길

지난 5월 8일 어버이날이 있었습니다. 자연스럽게 고령이신 부모님이나 조부모를 생각하게 되는 시기입니다. 최근 통계를 보면 어린이 보다 65세 이상의 고령자수가 더 많다는 기사가 있었습니다. 고민은 더욱 많아집니다. 고용창출도 그렇지만 노후를 행복하게 지낼 수 있는 방법에 대한 국가적인 과제는 더욱 많아졌습니다.

이 중에서도 고령자 운전이나 고령 보행자 사고수도 급증하고 있습니다. 고령운전자는 기기조작능력이나 판단능력이 젊은이에 비해 떨어질 수밖에 없습니다. 그래서 선진국에서는 운전면허 반납운동이나 적성검사기간 단축이나 조사항목을 넓히고 있습니다. 또한 인센티브 정책을 통하여 편하게 대중교통을 이용하는 방법 등도 활용하고 있습니다.

고령 보행자도 큰 관리 대상입니다. 시야가 좁아지고 느리다보니 횡단보도 등 여러 곳에서 사고는 늘어나고 있습니다. 어둠이 오면 외출을 자제한다든지 밝은 옷을 착용하여 잘 보이게 하는 방법도 중요하구요. 국가적인 차원에서 반복 안전 교육과 운전자들의 안전 운전 교육 등 다양한 대책마련이 필요합니다. 더불어 자율주행 기술을 활용한 안전한 능동식 안전장치 장착을 더욱 활성화시켜 예방 차원의 근본적인 사고방지도 꼭 필요합니다.

스쿨버스 안전강화

지난 대선 때는 가장 중요한 대통령 선거로 누구나 투표를 하였지만 한 가지 안타까운 사건은 중국 웨이하이시에서 교민 아이들이 탄 버스에 화재가 발생하면서 10명 모두 사망한 사건이었습니다. 아이를 키우는 부모 입장에선 세월호 문제와 같이 가장 가슴 아픈 사고였습니다.

조사는 아직 진행 중이지만 스쿨버스 안전에 큰 문제가 있다는 것을 알 수 있습니다. 국내에서도 매년 여러 번 사망사고가 잇따르고 있습니다.

성인이 탑승하는 버스의 경우도 당연히 문제지만 스쿨버스는 더욱 심각합니다. 성인이 도와주지 못하면 탈출이 아예 불가능한 경우가 많기 때문입니다. 판단능력이나 힘이 부족하여 탈출 자체가 불가능하고 특히 화재가 발생하면 인명피해가 기하급수적으로 커진다는 것입니다. 그래서 비상구 설치, 유리 깨는 망치나 소화기 비치는 기본이고 연료탱크가 더욱 안전한 곳에 위치하여 화재 자체를 방지하는 것이 더욱 중요합니다.

버스 화재는 시간의 싸움입니다. 몇 분 내로 유독가스로 질식되어 쓰러지면서 탈출을 아예 못하여 더욱 위험합니다. 국내도 이에 대한 준비가 매우 미흡합니다.

언제든지 대형 인명피해가 발생할 수 있습니다. 특히 사회적 후유증이 큰 스쿨버스의 안전도는 여러 단계로 더욱 보강하여 발생 자체를 방지해야 합니다. 모두가 어른들의 책임입니다.

2017.5.31

자동차 리콜

　최근 자동차 리콜이 많아지고 있습니다. 매년 국산차, 수입차 구분 없이 리콜이 증가하여 소비자의 관심이 더욱 높아지고 있습니다. 물론 예전에는 비용이 적게 들고 소비자에게 통보할 필요가 없는 무상수리로 적당히 넘어가는 경향이 있었으나 최근에는 자발적 리콜의 긍정적인 인식이 확산되면서 그 만큼 리콜도 많아지고 있습니다.

　여기에 정부의 적극적인 소비자 중심의 의지도 한 몫하고 있습니다. 감사 기능이나 검사 확인 등 다양한 기법이 활용되면서 촘촘한 법적 기능도 역시 중요하다고 할 수 있습니다.

　문제는 아무리 긍정적이라 하여도 리콜은 소비자를 불편하게 만들고 시간적, 정신적 피해는 물론 많은 리콜은 중고차 가격에도 영향을 줄 수 있다는 것입니다. 되도록 리콜을 줄이고 메이커의 브랜드 이미지도 높일 수 있는 노력이 더욱 필요하다는 것입니다.

　특히 우리나라는 아직 신차 교환이나 환불제도가 제대로 작동하지 않는 소비자가 불편한 국가입니다. 더욱이 자동차 분야는 더욱 그렇다고 할 수 있습니다. 메이커는 소비자를 위해서 불편하지 않게 품질제고는 물론 애프터서비스에도 노력해야 합니다. 특히 정부의 감시기능과 제대로 된 제도적 기반은 더욱 필요합니다. 소비자 단체도 전문성을 띠고 확실한 자리매김이 필요합니다.

친환경차 보급정책은?

이번 정부에서 친환경차 보급 활성화를 내세우면서 다양한 방법이 마련되고 있습니다. 특히 최근에 미세먼지 문제 등 자동차와 관련된 사안이 많아지면서 더욱 친환경차 보급 활성화는 당연한 과정으로 보고 있습니다. 아직은 정부 초기여서 구체적인 사안이 정립되기에는 시간이 소요될 것입니다.

2030년 경유차 운행중지 등도 아직은 설익은 정책입니다. 아마도 그만큼 노후화된 경유차에 대한 규제가 강화된다는 의지일 것입니다. 대통령 임기 내 260만대 전기이륜차 보급도 불가능한 사안입니다. 아마도 사용신고된 전체 이륜차를 전기 이륜차 등 친환경 이륜차로 보급한다는 취지입니다.

연간 판매되는 이륜차는 약 12만대 수준인 만큼 5년간 모두를 전기 이륜차를 보급하는 일은 당연히 불가능한 일이기 때문입니다. 그 만큼 노후화된 이륜차의 문제점 부각이 커질 것이라는 의미일 것입니다. 좀 더 세부적으로 다듬고 우리 대한민국의 실정에 맞는 구체적인 액션플랜으로 거듭나야 합니다.

미세먼지 문제, 4차 산업혁명 중 지능형자동차와 인공지능은 물론이고 친환경 자동차 보급 등 모두가 미래형 자동차로 몰리고 있습니다. 미래의 먹거리와 환경 모두 우리가 어느 하나 놓칠 수 없는 사안입니다. 더욱 안정적이고 신뢰성 있는 구체적인 정책으로 거듭나기를 바랍니다.

아찔한 골목길 운전

매년 골목길에서 교통사고로 사망하는 보행자가 800명에 이른다고 합니다. 하루에 2명 정도가 사망할 정도로 큰 수치입니다. 역시 문제는 운전자의 과속으로 인한 부주의와 골목길 주정차 때문입니다. 보도와 차도가 구분 없는 좁은 골목길에서의 운전은 너무나 위험합니다.

누구나 아찔한 경험 몇 번은 있을 정도입니다. 대처 방법은 운전자와 인프라의 안전시스템 구축입니다. 운전자는 과속을 삼가고 서행은 기본이며, 양보 운전을 습관화시켜야 합니다. 큰 음악소리를 삼가고 갑자기 튀어나오는 어린이와 자전거, 이륜차를 조심하여야 합니다. 특히 전체 사망자의 과반수가 65세 이상의 고령자인 만큼 더욱 조심하여 운전을 하여야 합니다.

지자체 등은 스쿨존과 같은 지역은 시속 30km 미만이지만 좁은 골목길의 경우 시속 20km 미만으로 재조정하여야 하며, 과속방지턱과 도로도장은 물론이고 불법 주정차량에 대한 단속도 강화하여야 합니다. 불법 주정차는 화재 등으로 인한 소방차 진입불가 등 여러 면에서 문제가 큰 사안입니다.

골목길 교통사고는 대표적인 후진국형 사고입니다. 이제라도 하나하나 점검하여 골목길 교통사고로 인한 억울한 사람이 나오지 않도록 근본적인 대책이 필요합니다.

급발진! 모두가 운전자만의 실수인가?

최근 택시의 자동차 급발진 사고가 잇따르고 있습니다. 세차장에서 세차를 끝낸 택시가 나오면서 급발진 의심사고가 발생하는 것이죠. 물론 원인은 정확히 밝히기 어렵지만 공기 중 수분이 다량 포함되면서 엔진 상태가 변한 것으로 추정할 수도 있습니다. 그러나 운전자 실수가 전체 신고건수의 약 80% 정도일 것으로 추정하고 있습니다.

매년 신고건수는 약 80~100건 정도이지만 실제로는 약 1~2천건 정도로 생각되고 있습니다. 따라서 300~400건 정도가 실제 급발진 사고로 추정됩니다. 문제는 우리나라는 운전자가 자동차의 결함을 밝혀야 하는 구조여서 100% 패소한다는 것입니다. 미국은 우리와 반대입니다. 자동차 메이커가 자사 차량에 결함이 없다는 것을 밝혀야 하는 구조여서 최종 원인이 밝혀지지 않아도 소비자 보호측면에서 배상을 받는 경우가 많습니다.

우리나라는 자동차 급발진 의심사고가 발생하여도 메이커는 전혀 관심이 없습니다. 알아서 져주는 법 구조 때문이죠. 실제로 2006년 이후부터 출시된 자동차에는 OBD-2라고 해서 모든 자동차의 데이터가 나오는 만큼 저장만 하면 누구의 책임인지 확실히 밝힐 수 있다는 것입니다.

많은 공포로 인한 사망자수도 큰 만큼 소비자를 보호할 수 있는 제도적 법적 기준이 마련이 필요합니다. 실제로 우리나라에는 아직 신차 교환 환불제도도 없는 소비자가 극히 불리한 자동차 후진국 문화를 가진 국가입니다. 이제는 변해야 한다는 것이죠.

2017.7.9

면허시험 강화, 사고 건수 감소!

최근 발표된 바에 의하면 초보 면허자에 대한 교통사고가 줄었다는 통계가 나왔습니다.

작년 말 강화된 운전면허 시험 중 T자 등 기능시험 강화로 인하여 장내 기능시험 합격률도 93% 수준에서 54%로 줄었으며, 실제로 시험 강화 이후 6개월간 작년 같은 기간 교통사고 건수가 904건에서 562건으로 무려 37.8%가 줄었다는 것입니다.

항상 강조하는 운전면허 시험의 강화가 얼마나 중요한 것인지 알 수 있는 대목입니다. 그러나 아직 멀었습니다. 호주나 독일은 정식 운전면허 취득까지 약 2년 이상이 소모되고 우리보다 못하다는 중국도 6개월이 소요될 정도입니다.

우리는 이론적으로 이틀이면 가능합니다. 아직도 교통사고 대처방법이나 비상시 운전방법 등 더 필요한 방법은 아예 없습니다. 양보나 배려 같은 에코드라이브 운전방법도 없습니다.

특히 일본과 같이 어릴 때부터 상대방에 대한 배려나 양보를 가르치고 습관화시켜야 합니다. 이것은 성인이 돼서는 불가능합니다. 세뇌될 정도로 지속성 있는 교육이 필요함에도 우리는 단기간의 속성에만 매달린다고 할 수 있습니다. 정부도 5년 안에 무언가 결과만 도출하려고 합니다. 절대로 운전은 다른 사람의 생명을 담보로 하는 만큼 강화하면 할수록 좋습니다. 이제라도 강화하는 시작점으로 삼았으면 합니다.

2017.7.16

장마철 운전의 달인!

여름 장마철입니다. 갑자기 쏟아지는 장대비는 운전자를 당황하게 만듭니다. 위험한 상황이 많다는 뜻입니다. 특히 야간에 갑작스런 폭우는 다른 차의 전조등 빛으로 차선이 보이지 않을 정도입니다.

당연히 속도는 반으로 늦추고 전조등은 물론 비상등을 켜고 다른 차에 경각심을 심어주어야 합니다. 앞뒤 차의 간격을 띄우고 조심스럽게 운전하고 더욱 폭우가 심해지면 안전한 곳에 차량을 세우고 잠잠해지기를 기다려야 합니다.

당연히 차량의 타이어 상태와 공기압 유지도 중요합니다. 워셔액과 와이퍼의 상태도 전방 주시에 매우 중요합니다. 배터리도 점검하고 전조등이나 에어컨 등 전기에너지 사용을 충분히 뒷받침할 수 있는 상태가 되어야 합니다. 물이 고인 도로를 지나가는 방법이나 안전운전법도 배워야 합니다.

여름 장마철에 특히 주의하여야 할 사항은 낮은 지대에 주차하지 말아야 합니다. 특히 하천변 일대에 주차하는 경우가 많은 데 순간적으로 불어난 물이 차량을 덮쳐 아예 사용 못 하는 침수차가 될 가능성이 큽니다. 장마철은 특히 차량이나 운전자 모두 안전에 더욱 조심하여야 합니다.

카셰어링, 마냥 좋을 수만 없다

최근 인기를 끌고 있는 주제 중의 하나가 바로 카셰어링입니다. 이른바 자동차를 나누어 사용하는 공유 개념입니다. 수백만 명이 사용할 정도로 인기를 끌고 있습니다. 10분 단위로 나누어 사용할 수 있고 간편하게 휴대폰으로 계약하고 반납 시에도 지정된 장소에 주차하고 무인으로 반납이 끝납니다.

젊은 층을 중심으로 굳이 차량을 구입하지 않아도 되고 원할 때 저렴한 비용으로 활용할 수 있습니다. 이제 소유보다 공유 개념이 더욱 빛을 발하는 시기입니다. 그러나 문제점도 많습니다.

청소년들이 부모의 신분증을 도용하여 임의로 빌리고 사고가 발생하여 사망하는 사고도 잇따라 발생하고 있습니다. 휴대폰과 면허증, 신용카드만 있으면 자동차 활용이 편하지만 상대적으로 실제 신분확인이 안되어 문제점도 커지고 있습니다. 동시에 차량 상태 확인 없이 빌리다가 애꿎게 차량 손실 부분을 감당하기도 합니다. 운이 나쁘면 이전에 지저분하게 사용한 차량을 받을 수도 있습니다.

문제점이 한두 가지가 아니라는 것을 알 수 있습니다. 장점이 큰 만큼 시장은 커지지만, 부작용도 커지는 만큼 더욱 정부의 제도적인 강화와 카셰어링 업체의 책임감이 중요한 시기입니다.

졸음운전은 가라!

　최근 버스 졸음운전사고로 생각하기도 싫은 사망자가 발생했습니다. 여름철 졸음운전사고는 아무리 강조해도 지나치지 않습니다. 워낙 많이 발생하고 한번 발생하면 치명적이라 사회적 후유증도 크다고 할 수 있습니다. 물론 버스 같은 대중교통수단은 운전자의 휴식 등 강화된 관리가 더욱 중요하고 비상 자동제동장치 등 완벽한 준비가 필요합니다. 그래서 대중교통은 더욱 강화해야 하는 이유이기도 합니다.

　일반 운전자도 예외는 아닙니다. 특히 졸음운전 시 준비가 되지 않아 순간적으로 크게 발생하면서 90%에 이를 정도로 사망률이 높습니다. 당연히 1~2시간 운전하면 휴게소나 졸음쉼터에서 쉬어야 합니다.

　현재 여름철 휴가기간이 되면서 더욱 장거리 운전이 많아지고 있습니다. 졸음을 쫓을 수 있는 방법은 오직 쉬는 것입니다. 그리고 자주 환기하고 옆 사람과 얘기하고 즐겁게 운전하는 것입니다. 그리고 조수석에 앉아있는 동승자가 이야기를 건네면서 함께 운전하는 자세로 맞추는 것입니다. 사고 없는 행복한 장거리 운전이 필요한 휴가는 졸음운전부터 없애야 합니다.

스마트 모빌리티

최근 보도 위나 공원 등에서 전동 휠이나 소형 전동 스쿠터 등 다양한 휴대형 이동수단이 인기를 끌고 있습니다. 이들을 일명 스마트 e모빌리티라고 부르고 있습니다.

소형이고 단가도 낮아지면서 젊은 층을 중심으로 워낙 인기가 높아지고 있습니다. 이동도 쉽고 휴대도 가능하며, 간단히 충전만 하면 어느 정도는 용이하게 이동하는 관계로 더욱 광범위하게 용도도 늘어나고 종류도 많아지고 있습니다.

문제는 보도 위 등에서 보행자와 함께 이동하여 접촉사고 등 다양한 사고가 발생한다는 것입니다. 속도도 최대 시속 30km가 넘는 경우도 있어서 주변에 지나가면 두려움을 느끼기도 합니다. 경우에 따라서는 차도도 달리고 보도 등 어느 곳도 운행한다는 것입니다. 사고가 발생하면 보험도 없는 경우도 많아서 모두가 피해자가 된다는 것입니다.

정부에서 관련법을 서둘러야 하는 이유입니다. 운행 관련 지침도 필요하고 보험제도, 안전기준도 하루속히 마련하여야 합니다. 당연히 관련단체도 자정기능을 통하여 안전모 등 각종 운행 안전 기준도 중요합니다. 문명의 이기인 만큼 얼마나 제대로 준비하고 활용할 것인지는 우리 손에 달려 있습니다. 한국형 선진 모델을 기대합니다.

2017.8.13

물먹는 자동차

　여름철 장마, 태풍이 지나가면 많은 차량들이 갑자기 불어난 물로 침수되는 경우가 많이 발생합니다. 이때 발생하는 문제가 바로 침수차입니다. 심한 경우 연간 수천대가 발생하는 해도 있습니다. 침수의 정도는 실내 바닥만 유입되는 부분 침수도 있지만 전체가 잠기는 전수 침수도 있습니다.

　최근의 자동차는 전기전자부품이 약 30%에 이릅니다. 이러한 부품에 물을 만나면 정상 동작이 어렵거나 기능에 문제가 발생합니다. 당연히 침수차는 문제가 크다는 것입니다.

　장마나 태풍이 지나면 한두 달 후 시장에 침수차가 등장합니다. 정상적인 자동차로 무장하여 소비자가 모르고 구입하여 사용하면 운행 중 시동이 꺼지거나 전원이 나가면서 안전에 큰 문제가 발생할 수 있습니다.

　당연히 시장에 나오지 못하도록 조치를 취하여야 합니다. 최소한 소비자가 알고 저렴하게 구입하면 되지만 실제는 그렇지 못하다는 것이죠. 정부나 지자체는 물론이고 관련 보험사의 노력이 가장 중요하고 소비자도 침수차를 구분할 수 있는 상식과 보험사고 이력정보 확인, 품질보증제 활용도 필요합니다.

　마지막으로 최종 구입 시 전문가나 관련 상식이 풍부한 사람과 대동하여 운행해보고 구입하는 확인구입이 필요합니다. '싸고 좋은 중고차'도 시장에 존재합니다. 이때는 발품이 필요합니다.

도로용 도료의 진실

길거리를 운전하면서 운전자는 각종 위험에 부닥치게 됩니다. 물론 주변 차량의 움직임이 가장 중요하나 역시 교통 인프라가 얼마나 잘 조성되어 있느냐도 사고를 방지하는 핵심 조건이라 할 수 있습니다.

모두가 느끼는 사안인 경우가 바로 야밤 도심지에서 비가 내리는 길거리 에서의 운전이라 할 수 있습니다. 주변 가게에서 비추는 빛과 가로등 불빛은 물론이고 반대편 차량에서 주사되는 전조등 불빛까지 더해지면서 순간적으 로 차선이 보이지 않는 것이죠. 심지어 새로 도포한 차선도 역시 같은 조건에서 동일하게 보이지 않는 현상은 반복됩니다.

낮에는 그래도 새롭게 도포한 차선은 잘 보이는데 밤에는 유독 안 보이는 이유는 무엇일까요? 바로 도료에 포함되는 빛 반사용 유리알의 비율이라 할 수 있습니다. 국내 차선용 도로의 경우는 이 유리알의 비율이 적기 때문이고 균일하게 분포되어 있지 못하기 때문입니다.

일본의 경우는 모든 도로에 새롭게 도포된 도료로 느낄 정도로 선명하고 내구성도 좋다는 것입니다. 워낙 두껍게 도포하고 빛 반사용 유리알을 확실히 추가하면서 앞서 언급한 비오는 야밤에도 선명하고 확실한 차선구 분이 가능하여 안심하고 운전할 수 있다는 것입니다.

최근 도료에 포함되는 유리알의 비율을 올린다고 규정을 이제야 바꿀 정도로 뒷북을 치는 경우가 많습니다. 미리 선제적으로 제도가 뒷받침된다 면 많은 교통사고를 예방할 수 있었을 것입니다.

안전벨트는 앞뒤를 가리지 않는다

최근 차량 안전띠 착용이 모든 좌석으로 의무화되었습니다. 고속도로나 자동차 전용도로뿐만 아니라 모든 도로에서의 안전띠 착용이 의무화된 것입니다. 즉 도로에서의 안전띠 착용이 얼마나 중요한 안전사항인지 알 수 있는 부분입니다.

단순히 단속하여 벌점과 범칙금을 내는 단속항목이 아닌 탑승자 안전에 지대한 영향을 주기 때문입니다. 특히 뒷좌석은 앞좌석과 달리 안전띠 착용이 거의 없고 소홀히 한 부분이 많다는 것입니다.

뒷좌석 안전띠를 하지 않은 상태에서 사고가 발생하면 앞좌석에 있는 탑승자나 시트와 충돌하면서 치명적인 손상을 입을 수 있고 사망까지 이를 수 있습니다. 에어백에 의한 보호는 우선 안전띠 착용이 우선 되어야 2차 안전을 보장받을 수 있습니다.

일반 승용차는 물론 택시 승차 시에도 꼭 뒷좌석 안전띠를 착용하기 바랍니다. 현 시점에서 뒷좌석 안전띠 착용은 일반 도로의 경우 거의 전무합니다. 필요하면 단속을 통한 확실한 통제도 필요하고 적극적인 계몽활동을 통하여 자연스럽게 모든 좌석에서 안전띠를 매는 습관이 필요합니다.

전 좌석 안전띠 착용이 선진국 수준인 90% 이상이 되기를 기원합니다. 내 생명, 내 가족, 안전띠 칙용이 우선 전제되어야 보장받을 수 있습니다. 지금 모두가 실천해 보시죠.

이륜차 문화를 고대하며····

국내 이륜차는 애물단지가 되어 있습니다. 수십 년간 정부에서 방치하다시피 하여 이륜차 문화나 산업이 피폐해졌기 때문입니다. 등록부터 폐차에 이르기까지 성한 곳이 없을 정도입니다.

무엇보다도 안전에 유의를 하여야 합니다. 퀵 서비스 등 이륜차가 다니는 곳은 차도와 보도 등 따지지 않고 다니다보니 보행자가 위협을 느끼는 경우가 많습니다.

당연히 보도 위에 주차하는 모습은 기본이구요, 물론 단속이 능사는 아닙니다. 제도적 법적 노력을 하지 않아서 이륜차가 갈 길이 없어지기 때문이기도 합니다. 접촉사고라도 발생하면 모두가 피해자가 될 정도로 무보험자도 많습니다.

외국인이 국내에 와서 느끼는 놀라는 것이 중의 하나가 바로 보도 위에 차량이 다닌다는 사실이죠. 바로 이륜차의 보도 운행을 뜻합니다. 그만큼 아직 우리나라는 이륜차의 후진국입니다. 아무것도 정리된 것이 없는 것은 다른 분야와의 형평성 측면에서 심각하다고 할 수 있습니다.

최근 정부에서 전기 이륜차 보급을 대통령 공약으로 진행 중인데 이참에 이륜차 전체를 개선하는 시작점으로 삼았으면 합니다. 이륜차는 공로 상에 일반 자동차와 다니는 인간이 만든 교통수단의 하나라는 사실을 모두가 직시했으면 합니다. 외면만 하면 안된다는 뜻이죠.

중고차 시장을 개선하라!

엊그제 광화문 프레스센터 앞 광장에서 한국중고차페스티벌이 국내에서 처음으로 개최되었습니다. 이 행사는 중고차에 대한 일반인의 부정적인 인식을 불식시키고 신뢰성 있는 좋은 중고차를 구입할 수 있는 기회와 중고차 시장 활성화를 위하여 기획되었습니다.

3일 동안 개최되면서 많은 일반 소비자들이 신차 같은 중고차를 접할 수 있는 좋은 기회였다고 입을 모았습니다. 국내 시장은 규모는 크지만 아직 중고차 시장은 영세적이며 후진적인 부분이 많습니다.

인터넷 상의 허위 미끼매물은 물론 위장 당사자 거래 문제, 성능점검 미고지 문제와 품질보증 문제, 심지어 대포차 문제까지 다양한 문제점이 많습니다. 여기에 중고차 단지 앞에 아직 호객 행위 등이 남아 있습니다. 모두가 개선해야 합니다.

특히 매매사원은 소비자 최종 접점이라는 측면에서 투명성 제고를 통하여 소비자에게 가장 중요한 대상인 만큼 보수교육과 매매사원증 관리를 통하여 선진형 중고차 시장으로 탈바꿈하여야 합니다. 침수차나 사고차 등 심각한 중고차는 퇴출되어야 합니다. 자정기능도 중요합니다. 관련 단체 등은 더욱 중고차 시장 투명성 제고를 위하여 노력해야 합니다. 역시 정부의 전향적이고 의지 깊은 개선 행위가 꼭 필요한 시점입니다.

자동차 에티켓

  대한민국은 자동차 산업 선진국입니다. 지난 50년 동안 자동차 수준이 선진국 대열로 올라간 유일한 국가라고 할 수 있습니다. 자부심을 가져도 좋습니다. 그러나 이에 걸 맞는 자동차 문화는 아직은 후진국 수준입니다. 특히 도로에서의 자동차 운행수준은 선진국과는 거리가 멀다고 할 수 있습니다.

  얼마나 심각하길래 보복 운전이나 난폭운전을 법적으로 적용할 정도이겠습니까? 한 템포 느린 여유 있는 운전은 아직도 몸에 배어 있지 않아 3급急 운전이 보편화되었습니다. 아직도 담배꽁초를 차량 창문 밖으로 버리거나 갑작스러운 차로변경도 항상 일상화될 정도입니다. 과속이나 법규 위반도 일상화되었습니다. 안전띠 착용률도 떨어지고 운전면허제도도 아직 선진국과 거리가 먼 수준입니다.

  이륜차 문화는 언급하기 힘들 정도이죠. 주차문화나 남에 대한 배려는 더욱 배워야 합니다. 아직도 큰 차가 대접받고 남을 무시하기 일쑤이며, 오직 전진만 하는 초보운전자도 많습니다.

  안전에 대한 교육이나 대처방법을 배운 경우도 없습니다. 비상도구인 유리 깨는 비상망치나 소화기 하나 제대로 없습니다. 이제는 하나하나 배우고 고치고 인식하고 배려하는 자동차 문화가 필요한 시기입니다.

  법적인 단속 이전에 자발적인 시민의식이 필요한 시점입니다. 자동차 산업과 문화가 조화를 이루어 진정한 자동차 선진국이 되기를 바랍니다.

장거리 운전을 할 때면···

지난 추석 때와 같이 장거리 운전에 따른 안전운전이 많이 부각되었습니다. 다른 때와 달리 가족이 함께 동반하고 교통체증 등 장거리 운전에 따른 피로도가 누적되면서 사고도 많아지고 그 만큼 어린이 사망자수도 증가하는 등 각종 후유증을 강조하였습니다.

특히 우리는 3급急 운전, 급출발, 급가속, 급정지 등이 몸에 많이 배어 있어서 더욱 사고의 정도가 많습니다. 여기에 졸음운전 등 다양한 악조건이 많이 도사리면서 더욱 교통사고는 늘어납니다.

그래서 항상 운전자는 여유와 배려와 양보가 필요하고 마음의 침착함이 요구됩니다. 당연히 졸음이 쏟아지면 휴게소나 졸음쉼터에서 잠시 눈을 붙이는 것도 좋습니다. 조수석에 앉아있는 배우자가 있으면 교대운전하고 뒷좌석까지 꼭 안전띠를 착용해야 합니다. 에코드라이브 같은 친환경 경제 운전을 하면 당연히 사고도 줄어들고 이산화탄소 같은 배기가스의 감소는 물론 교통사고도 줄어드는 1석 3조의 효과가 있습니다.

더욱이 새벽운전이나 야간 운전은 전방이 확보되지 않아 더욱 위험합니다. 교통방송 등 실시간적인 정보를 벗 삼아 정보운전을 통한 장거리 운전을 하면 당연히 교통사고는 줄어듭니다. 마음의 여유를 찾기 바랍니다. 교통사고는 가장 최악의 인재입니다.

2017.10.22

수동변속기 차량의 이익

최근 수동변속기가 장착된 자동차 보셨는지요? 아마도 일반 운전자가 이러한 차종을 운전해본 경우가 거의 없을 것입니다. 현재 경차 등 극히 일부분을 제외하고 모든 승용차는 자동변속기가 장착되어 있습니다.

메이커는 소비자가 원해서 그렇게 했다고 하지만 실제 소비자는 수동변속기를 최소한 선택옵션으로라도 할 수 있기를 원합니다. 수동변속기 차량은 자동변속기 차량에 비하여 연비가 20% 이상 높고 관리도 거의 없으며, 처음 차량을 구입할 때도 적어도 200백만 원 이상이 저렴해질 수 있습니다. 특히 우리가 항상 두려워하는 자동차 급발진사고 자체가 없습니다. 클러치가 있어서 운전이 불편하다고 하지만 최근 기술개발을 통하여 용이하게 운전할 수 있는 기술도 있으나 국내에서는 거의 수동변속기 차량을 만들지를 않습니다.

정부에서도 예전 일시적으로 관심을 가졌으나 지금은 아예 문제점 자체도 모릅니다. 특히 우리는 에너지의 97%를 수입하는 국가로서 낭비성이 큰 국가인 만큼 수동변속기 차량은 여러 가지로 이점이 많다는 것입니다.

정부에서 관심을 가지고 최소한 선택옵션으로라도 의무화시켜 선택의 폭을 넓힐 필요가 있습니다. 최소한의 소비자의 권리이기도 합니다. 메이커도 변해야 합니다.

대형차 사고는 심각한 인명 손실로!

최근 국토교통부에 모든 승합차와 3.5톤 이상의 특수, 화물차에 의무적으로 비상자동제동장치와 차선이탈경보장치를 설치하게 한 것은 상당히 다행으로 판단됩니다.

이미 예전 영동고속도로 봉평터널 등에서 졸음운전을 하던 버스가 승용차를 덮쳐 탑승객 전원을 사망하게 한 사고 등 관련 사고는 그 동안 여러 번 있었습니다. 대형차가 비상조치를 못하고 승용차와 충돌 내지는 추돌하게 되면 관성으로 인하여 심각한 인명손실을 가져오게 됩니다. 따라서 버스 등 대중교통수단의 경우 선진국에서는 엄격한 규정을 진행하고 있습니다.

하나는 운전자의 휴식 등 확실한 안전규정이 있고 또 하나는 안전장치를 의무적으로 탑재하여 비상시를 대비하는 것입니다. 이번 조치는 상당한 의미가 있다고 할 수 있으나 서둘러 의무 탑재를 서두르는 후속조치가 필요하고 특히 운전자의 의무 휴식 등 강력한 관리감독과 관련법 개정이 요구됩니다.

최근에도 유사 사고로 계속 사망자가 발생하고 있어서 근본적인 대책이 요구되는 실정입니다. 특히 기존 차량의 경우는 어떻게 할 것인지도 고민되는 상황이어서 획기적이고 안심할 수 있는 대안이 요구됩니다. 정부의 적극적인 의지가 요구되는 시기입니다.

땜질식 처방은 안된다!

　최근 발생한 창원 터널 앞에서의 화물차 사고는 또 한 번의 충격을 주고 있습니다. 엔진오일 등 위험물을 가득 실은 화물차의 과적은 물론 고박도 하지 않은 상태와 운전자의 고령화 및 상시 교통사고 이력 등 여러 면에서 당연한 인재이기 때문입니다. 그 사고로 아까운 생명이 또 사라졌습니다. 현장은 전쟁터라 할 정도로 온통 시커먼 연기와 아수라장으로 변한 모습이었습니다.

　항상 강조하는 얘기지만 왜 이렇게 어이없는 사고가 빈발하고 있는지, 같은 사고가 항상 발생하는 이유 등 국민은 불안합니다. 방어운전을 하면 뭘 합니까? 재수 없으면 사고로 아까운 생명이 사라질 정도로 취약한 국내 교통시스템을 보면서 정부에 대한 신뢰가 무너집니다.

　항상 사고 이후에 소 잃고 외양간 고치는 식의 진행은 진저리가 납니다. 근본적인 대책이 요구되는 현실에서 땜질식 처방은 항상 위험을 안고 있습니다. 이제부터라도 어이없는 사고는 없어야 하고 특히 대형 인명손실을 가져오는 인재는 더욱 없어야 합니다.

　안전한 자동차 규정과 운전자의 철저한 검증 그리고 확실한 교통안전 인프라는 물론이고 강력한 법적 제제와 정부의 시행 의지도 꼭 필요합니다. 단기간의 땜질식 처방을 멀리하고 중장기적인 확실한 대책을 국민은 바라고 있습니다.

에코드라이브

에코드라이브는 우리말로 **친환경 경제운전**을 뜻합니다. 자동차를 운전할 때 연료를 절약하고 이산화탄소도 줄이며, 여유 있는 운전을 통하여 교통사고도 줄일 수 있는 1석 3조의 효과를 가진 최고의 운동입니다.

지난 2008년 국내에 도입되었지만, 최근에는 큰 관심을 못 두고 있습니다. 정부나 지자체 등도 관심이 줄면서 덩달아 국민들도 관심이 크게 줄었습니다. 상대적으로 우리는 에너지의 약 97%를 수입하는 국가이면서 에너지 소비증가율은 세계 최고 수준입니다. 에너지 절약의 큰 이유라 할 수 있습니다. 힘들게 번 돈을 에너지 수입에 쏟아 붓고 있는 것입니다. 큰 낭비라 할 수 있습니다. 이제부터라도 정부나 지자체가 적극적으로 나서야 하는 이유입니다.

친환경 경제운전은 크게 힘들지 않습니다. 트렁크 비우기, 공회전 안하기, 타이어 공기압 제대로 하기, 변속기 레버는 중립으로, 자동차 정기적으로 관리하기, 관성으로 운전하기 등 우리가 조금만 신경을 쓰면 쉽게 할 수 있는 방법입니다. 연료절약 효과는 최대 50%에 이릅니다. 대단한 효과이죠. 정부의 적극적이고 체계적인 재시작을 기원합니다. 국민 개개인도 나서야 합니다.

당혹스런 자동차 화재

연간 자동차 화재는 약 5천 건에 이릅니다. 하루에 13~14건이 발생한다는 뜻입니다. 우리가 주변에서 운전할 때 간혹 볼 수 있는 장면입니다. 그 만큼 생각 이상으로 소홀히 하면 자동차 화재는 발생할 수 있습니다.

문제는 크게 두 가지입니다. 하나는 자동차 결함으로 발생할 수 있다는 것이고 하나는 자동차 운전자의 관리 잘못입니다. 대부분 후지로 관리상의 잘못이 많습니다. 그리고 90% 이상이 엔진 쪽에 몰려 있습니다. 엔진 오일이나 냉각수 부족으로 엔진 주변 가연성 물질에 옮겨 붙기도 합니다. 오래된 배선의 단락으로 발생한 불꽃이 화재로 커지기도 합니다.

그리고 애프터마켓용으로 전기전자장치를 임의로 배선 작업하여 발생하는 화재도 종종 있습니다. 7~8년 오래된 중고차의 경우 대부분 운전자의 관리 잘못으로 결론짓는 경우가 대부분입니다.

그러나 자동차 결함에서 발생할 수도 있으나 오래된 중고차의 경우는 입증하기기 어렵습니다. 특히 우리나라는 소비자 중심의 판단이나 처리는 쉽지 않은 국가입니다. 법적 제도적 부분도 소비자가 매우 불리합니다. 따라서 국가적인 손해보상이나 법적 절차보다는 운전자 본인이 조심하고 항상 관리적인 부분의 보강을 통하여 자동차 화재 근본을 뿌리 뽑는 것이 더욱 유리합니다. 정부의 적극적인 방향 전환도 필요한 시점입니다.

화물차의 불법 주정차

연간 도로상에 불법 주정차로 발생하는 사고건수가 매우 많습니다. 특히 가로등이 없는 어두운 도로에서 갑자기 끝 차선에 등화장치가 꺼진 채로 주정차하고 있는 화물차에 일반 자동차가 충돌하게 되면 치명적이 될 수밖에 없습니다.

이러한 화물차는 더욱이 후면에 의무적으로 반사판을 설치하게 되어 있어야 하나 각종 이물질이 묻어서 보이지 않는다든지 아예 지워진 경우도 많고 설치 자체도 없는 경우도 많습니다. 이 상태에서는 뒤에서 오는 자동차가 도저히 볼 수도 없고 그 속도에서 피할 수 있는 방법이 없다는 것입니다.

여기에 화물차는 범퍼 높이가 높아서 일반 자가용 등이 충돌하게 되면 범퍼끼리 충돌하는 것이 아니라 밑으로 파고 들어가면서 더욱 사망률을 높이게 됩니다. 운전자도 과속이 아닌 안전속도로 운전하는 자세도 기본입니다. 이러한 사고는 전형적인 후진국형 사고입니다. 이제는 바뀌어야 한다는 것입니다.

경찰에서도 적극적으로 단속하고 단순히 형식적인 범칙금만 부여하는 것이 아니라 강력한 처벌조항도 필요합니다. 특히 이러한 문제로 사고 발생 시에는 더욱 강력한 처벌도 주문합니다. 더욱이 형식적인 차고지 문제로 주소 상의 차고지가 아니라 적당히 주택가이면 도로 등에 주정차하여 더욱 큰 문제가 되는 경우도 많습니다. 강력한 처벌조항도 필요하지만 이제는 자정기능이 되살아나 선진국형 안전 시스템이 이루어져야 합니다.

사고는 몰래온다!

연말이어서 길거리에 운전하는 경우가 많아지고 있습니다. 항상 조심하는 운전이지만 생각지도 못한 부분에서 큰 사고가 발생할 수도 있습니다. 약간만 방심하다간 심각한 사고로 이어질 수도 있습니다.

우선 최근 부쩍 늘어난 일명 스텔스카입니다. 차폭등 등 등 모든 등화장치가 꺼져있는 차량이 주변에 슬쩍 다가오면 운전 중 놀라는 경우가 종종 있습니다. 운전자 본인이 계기판이 밝아서 자신의 차량에 등화장치가 꺼진 것을 모르는 경우입니다.

국도변에 불법으로 세워진 화물차도 흉기입니다. 앞서가던 불량 적재 화물차도 주의해야 합니다. 항상 물건이 떨어지면서 많은 사고가 실제로 발생하고 있습니다. 대형 트레일러 등 대형 화물차 뒤도 시야가 가리는 문제도 있지만 복륜 사이에 낀 돌 등이 튕겨 나와 심각한 사고로 이어질 수도 있습니다.

주차장 등에서 차를 후진하다가 접촉되는 사고도 많습니다. 주변에 확실히 사람 등이 있는지 꼭 확인하여야 합니다. 추월선을 무의식적으로 주행하는 경우도 많은데 역시 반대 중앙선에서의 질주나 다른 추월 차량 등으로 극히 위험할 수 있으니 안전한 주행차로로 운행해야 합니다.

겨울철 이른 아침이나 야밤 운전도 살짝 언 아스팔트라고 할 수 있는 이른바 '블랙아이스'를 생각하면 빙판길 운전이니 항상 주의해야 합니다. 겨울철 운전은 다른 계절에 비하여 위험한 요소가 많습니다.

졸음운전을 비키려면····

졸음운전의 위험성은 아무리 강조해도 지나치지 않습니다. 그 만큼 치명적이라는 것이죠. 운전자가 충돌하는 순간에도 조치를 못하여 심각한 사망사고로 이어진다는 뜻입니다. 최대 90% 사망률이라고도 합니다. 이러한 졸음운전은 항상 조심해야 하지만 특히 겨울철이 더욱 위험합니다. 날씨가 춥다보니 히터를 틀고 실내 온도를 높이다 보니 더욱 졸음이 쏟아집니다. 환기를 시켜야 하는데 춥다보니 이것도 소홀하게 되고 실내의 이산화탄소 농도는 높아질 수밖에 없습니다. 이산화탄소 농도가 높아지면 산소 부족으로 더욱 졸음이 쏟아집니다. 이러한 현상이 반복되는 경우가 바로 겨울철이기 때문입니다.

장거리 운전 시에는 휴게소나 최소한 졸음 쉼터에서 조금이라도 눈을 붙이는 것이 가장 좋습니다. 아니면 교대 운전이라도 하면 졸음운전을 피할 수 있습니다.

역시 장거리 운전 하는 날을 대비하여 전날 푹 쉬고 미리 충분히 잠을 자는 것도 좋은 방법입니다. 특히 환기를 종종하여 외부의 신선한 공기로 받아들이기 바랍니다. 다른 사고에 비하여 졸음운전 사고는 꼭 피해야 합니다. 자신의 졸음운전을 피하는 방법을 개인별로 찾기 바랍니다.

VEHICLE
TRAFFIC

60초 쓴소리

2018년

불법 주정차문제 모범은 없을까?

불법 주정차 문제는 어제 오늘의 일이 아닙니다. 제천 화재사건으로 아까운 29명의 목숨을 앗아간 사건의 원인 중 하나가 바로 불법 주정차로 소방차가 진입을 하지 못한 이유입니다. 이러한 경우는 한두 건이 아닐 정도로 사회적 문제가 되고 있으나 뚜렷한 대책이 없는 것도 문제입니다.

이번에 불법 주정차에 대한 책임 및 강제 이동 등 관련법이 개정된다고 하지만 근본적인 해결책은 안됩니다. 불법 주정차 차량을 치우느라 낭비한 시간은 바로 목숨을 구하는 골든타임이기 때문입니다. 아예 불법 주정차가 없어야 합니다.

그러나 현 시점은 할 방법이 없습니다. 일본과 같이 신차 구입 시 차고지 증명제를 시행하는 것도 한 방법이고 좁은 골목을 자유롭게 출입할 수 있는 경소방차 도입도 일본과 같이 하는 것도 좋습니다. 일본은 불법 주정차 차량도 거의 없지만 좁은 골목을 고려하여 이미 4만대 이상의 경소방차가 중요한 역할을 수행합니다. 구입 가격도 낮고 장치 등도 다루기 쉬워 조기 소화에 큰 역할을 합니다.

우리나라는 언제까지 '사후 약방문' 식으로 야단법석을 피우다 바로 식어버리는 형태를 반복할 것인지 걱정이 앞섭니다. 항상 반복되는 재난을 언제 벗어날 수 있을지도 고민됩니다. 하루속히 한국형 선진 안전모델이 구축되어 안심하게 거주할 수 있는 자랑스러운 대한민국이 되길 강력히 요청합니다.

네거티브 정책 전환을······!

지난 1월 초 미국 라스베이거스에서 국제 전기·전자제품 전시회 즉 CES가 있었습니다. 주로 가전제품을 전시하다가 최근 자동차 전시가 많아지고 있어서 최고의 화제를 던지고 있는 전시회입니다.

최근 자동차는 모든 과학의 집합체이고 전기차와 자율주행차가 화두다 보니 이제 자동차는 '움직이는 가전제품'으로 바뀌고 있습니다. 이런 측면에서 CES에 전체 전시품의 30% 이상이 자동차로 변하고 있습니다. 역시 화두는 전기차와 자율주행 기능입니다. 여기에 첨단 스마트 기능 등 자동차에서 주도권을 잡기 위한 움직임이 가속화되고 있습니다.

이번에 참가한 스타트업의 경우 전체 참가의 20%가 중국 회사일 정도로 신기술과 첨단 기술을 뽐냈습니다. 우리도 참가했지만 아직은 매우 미흡합니다. 역시 이를 적극적으로 활성화할 수 있는 법적 제도적 지원책이 매우 미흡하다 보니 신기술로 무장한 강소기업은 절대적으로 부족하다는 것이죠. 더욱이 우리는 규제 일변도의 포지티브 정책이 기반을 이루고 있어서 무엇하나 제대로 할 수 있는 기반이 극히 적다는 것입니다.

미국 등 선진국은 물론이고 중국 등도 산업적 먹거리를 우선 활성화하는 네거티브 정책으로 신기술을 주도하고 시장도 석권하고 있습니다. 우리는 규제로 시작하여 규제로 끝나니 이러한 기회는 거의 없어지고 있습니다. 정부의 획기적인 패러다임 전환을 통하여 네거티브 정책으로 전환할 수 있는 계기가 빨리 마련되었으면 합니다.

한국형 전기차 보급을 서두를 때

2018년 올해 전기차 보급대수는 약 2만대입니다. 보조금도 노르웨이와 더불어 세계 최고 수준으로 지원하면서 확실히 올해는 전기차의 해라고 할 수 있습니다. 물론 아직 전기차는 내연기관차 대비 절대적으로 적은 수치이나 여러 단점이 사라지면서 본격적인 날개를 펴고 있다는 것입니다.

올해 후반에는 한번 충전해 갈 수 있는 주행거리가 300km가 넘는 차종이 많아지고 공공용 급속충전기도 많이 설치되면서 소비자들의 호응도가 매우 높아지고 있습니다. 일각에서는 올해 최대 5만대가 필요하다고 할 정도입니다. 물론 세계적으로도 전기차 보급대수가 기하급수적으로 증가하고 있어서 우리도 뒤지지 않게 노력해야 합니다. 특히 자동차는 미래의 우리 먹거리인 만큼 기술개발 등은 필수적인 요소입니다. 더욱이 한국형 전기차 보급 모델 정립이 중요합니다.

도심지 아파트에 약 70%가 거주하는 특성을 고려하여 공공용 주차장에 심야용 공공 완속충전기 설치도 활성화하여야 하고 자신에게 맞는 충전시설을 쉽게 찾을 수 있는 통합형 내비게이션과 관제센터도 필요합니다. 또한 아직은 내연기관차 대비 낮은 중고차 가격과 배터리 내구성 등 소비자가 불안하게 느끼는 부분은 필수적으로 고민해야 합니다. 아직은 여러 측면에서 선진국 대비 격차가 있는 만큼 더욱 매진하여 조속히 극복할 수 있는 계기가 마련되기를 바랍니다. 지금이 최고의 기회입니다.

2018.2.1

비상 시 유리 깨는 망치 비치

운전하는 모든 운전자는 운전을 하면서 아찔한 경우를 한두 번 이상은 해보았을 것입니다. 아무리 방어운전을 하여도 반대 차선에서 달려오는 차량이 중앙선을 넘는다든지 난폭이나 보복 운전 등 아찔하면서도 끔찍한 운전을 말합니다.

지금과 같이 추운 겨울에는 빙판길에서 차량이 돌면서 반대 차선으로 넘어가는 경우에는 아예 방어할 방법이 없습니다. 물론 이러한 대부분의 문제는 운전을 한 템포 느린 여유 있는 운전이나 방어 운전으로 대부분 해결할 수 있습니다. 특별히 극복하기 어려운 경우에는 이미 사고가 발생하여 탑승상태에서 탈출하는 골든타임 내에 안전을 확보하는 일입니다.

설마 자신에게 발생하랴 하는 생각으로 그냥 넘기는 경우가 많지만 그 많은 사고가 모두 그러한 생각을 가진 분들의 생각이었습니다. 문제는 차량이 충돌이나 추돌하면서 문이 열리지 않거나 전복이 되었거나 화재가 발생한 경우 빨리 탈출하는 것입니다. 이 경우 유일한 방법은 빨리 유리를 깨고 탈출구를 마련하는 것입니다. 그러나 발이나 다른 도구를 이용하여도 자세가 기울어진 상태에서 쉽게 유리를 깰 수는 없습니다. 유일한 방법이 유리 깨는 비상 망치를 운전석 주변에 보관하였다가 비상 시에 사용하는 경우입니다.

　일생 동안 한 번도 발생하지 않으면 좋겠지만 단 한번을 위하여 사용할 경우 본인은 물론 탑승객 모두 생명을 구할 수가 있습니다. 약 1만원이면 좋은 것을 구할 수 있고 특히 망치 뒤에는 가위나 비상 칼날이 붙어 있습니다. 엉켜있는 안전띠를 자르고 유리를 깨고 탈출하는 것입니다. 영구적으로 사용하면서 목숨을 구하는 비상 망치는 꼭 구비하면 좋을 것입니다. 당장 실천에 옮기시죠.

마이크로 모빌리티

초소형 1~2인승 전기차를 '마이크로 모빌리티'라고 하고 있습니다. 국내에서도 일반 전기차의 활성화와 함께 중앙정부에서 578만 원의 보조금을 주고 있습니다. 지자체의 보조금까지 합치면 약 1천만 원의 보조금을 받아서 약 5~6백만 원의 비용으로 저렴하게 구입할 수 있습니다.

이 차량은 장점이 많습니다. 일반 200V 콘센트에서 충전을 하고 비용도 100km 주행하는데 약 1천 원이면 됩니다. 등하교용, 시장용은 물론이고 택배와 음식배달은 물론 정부에서도 우편배달용으로 준비를 하고 있습니다. 관광단지와 실버타운 등은 물론 전원 마을에서 고령자용으로도 좋습니다. 공장 시찰용이나 친환경 장소의 이동 수단으로도 좋습니다.

일반 전기차가 못하는 역할을 충분히 할 수 있는 틈새차종입니다. 글로벌 시장에서도 통할 수 있는 가능성이 큰 대표적인 친환경 이동수단입니다. 정부에서 이번에 본격적으로 지원하면서 판매가 늘고 있습니다. 또한 중소기업 업종으로 글로벌 강소기업을 육성하는 데에도 중요한 몫을 할 수 있습니다.

그러나 수년 전에 예고되었음에도 불구하고 정부에서 최근에야 안전기준 등을 마련하기 시작하였고 아직도 완벽하지 못하고 수정해야 할 부분이 많습니다. 대표적 규제 일변도의 제동이 되지 않게 정부 담당자들이 포지티브 정책에서 네거티브 정책으로 바꿀 수 있는 전향적인 판단과 자세가 필요할 때입니다. 최소한 방해는 하지 말아야 할 것입니다.

한국의 GM사태!

최근 한국GM 철수 문제로 국내가 홍역을 치르고 있습니다. 이미 군산공장은 폐쇄를 결정하였고 전체 철수를 미끼로 공정 자금 투입을 정부에 요청하고 있습니다. 자동차 산업은 다른 산업에 비하여 일자리 창출뿐만 아니라 산업 곳곳에 영향을 가장 크게 미친다는 측면에서 정부는 더욱 고민하고 있습니다.

이미 한국GM은 경영상의 실패는 물론 본사에 과다한 연구개발비 지급, 고리대금 문제 등 투명성 측면에서 여러 문제를 일으키고 있습니다. 더욱이 미국 GM 본사는 세계 곳곳에서 먹튀 논란도 있습니다. 역시 공적 자금은 국민의 혈세인 만큼 자금 투입은 더욱 심혈을 기울여야 합니다.

우선 투명성과 진정성 등을 확인할 수 있는 경영 장부 공개와 더불어 미래에 대한 확실한 회생 계획서도 필요합니다. 여기에 10년 이상을 국내에서 공장을 운영하겠다는 각서와 산업은행의 주요 결정사항에 대한 의결권 등 다양한 안전장치가 마련되어야 합니다. 잘못하면 국민의 세금 낭비는 물론 잘못된 정책으로 후세에 큰 짐을 줄 수도 있기 때문입니다.

정부의 더욱 세밀하고 철저한 확인으로 국내 시장에 최소한의 피해가 없도록 노력하고 더불어 새로운 선진 노사관계가 정립되는 계기가 되길 바랍니다. 지금이 가장 중요한 시기입니다.

봄이 오면 자동차도 꽃단장을····!

봄철 차량 점검하셨는지요. 그렇게 추웠던 겨울이 지나고 어느덧 봄이 오고 있습니다. 아직은 꽃샘추위가 종종 있지만 확실히 봄이 된 것 같습니다. 겨울옷도 정리하고 봄옷을 준비하고 집 대청소도 하지만 그 중의 하나가 바로 자동차입니다.

특히 다른 대상과 달리 자동차는 움직이는 생활공간이다 보니 청결도 중요하지만 안전이 직결된 사안이라 더욱 중요합니다. 요사이는 차량을 잘 만들다보니 내구성도 좋고 고장 등도 없어서 그냥 운행하고 다니는 경우가 대부분입니다.

그러나 최근의 자동차는 약 3만개의 부품이 조합된 인류 최고의 복합적인 과학물이라 할 수 있어서 언제든지 문제가 발생할 수 있습니다. 항상 관리하는 습관이 중요하지만 특히 봄은 더욱 중요합니다. 따뜻한 만큼 정비나 관리하기가 좋고 많은 날 차량 대청소도 하기 좋습니다. 세차는 물론이고 염화칼슘 등을 생각하여 하부 세차도 꼭 필요합니다.

실내는 먼지나 음식 찌꺼기 등 보이지 않는 곳에서 곰팡이가 발생하여 실내 공기질을 나쁘게 할 수 있습니다. 트렁크도 지난 겨울철 무거운 물건을 정리하면 가벼워지면서 연료도 절약할 수 있는 에코드라이브가 가능합니다. 단골 정비업소에서 전체적인 점검을 받으면 더욱더 좋겠죠. 배터리, 엔진오일, 타이어 등 기본적인 부분을 확인하면 안전은 배가됩니다. 꼭 하시기 바랍니다.

2018.4.1

위험한 운전법

봄이 되다보니 차량도 많아지는 것 같습니다. 그 만큼 나들이도 많아져서 차량 운전도 늘어나게 됩니다. 그 동안 운전형태도 선진국 형태로 많이 개선되고 있지만 아직 우리 주변에는 우리도 모르게 위험한 운전을 하는 경우가 많습니다.

친환경 경제운전인 에코드라이브는 한 템포 느린 양보 운전, 배려운전임에도 불구하고 아직 3급急 운전이 에코드라이브라고 생각하는 사람도 많습니다. 필요 없이 자주하는 차선변경도 사고를 유발하는 운전방법입니다.

횡단보도 근처는 전체의 30% 이상 교통사고를 유발할 정도로 위험한 장소입니다. 차량 정지선에서 신호등이 완전히 바뀌기 전에 나가지 않고 특히 사거리에서 저속으로 주변을 인지하면서 운전하는 요령이 필요합니다.

비오는 심야에 운전하는 것은 시야확보도 되지 않고 어두워 더욱 위험하므로 지양해야 합니다. 이륜차 운전은 자체도 위험하지만 주변 일반 운전자도 배려하면서 운전해야 합니다.

골목길은 항상 자전거나 어린이가 튀어나올 수 있으니 시속 20km 미만으로 운전해야 합니다. 스쿨존은 더욱 조심해야겠죠. 특히 봄철은 졸음운전이 최고 위험한 운전입니다. 졸리면 확실히 쉬어야 합니다. 음주운전은 사망과 직결됩니다. 운전에 자만하지 말고 항상 초보 운전한다는 자세로 여유 있게 양보운전, 배려운전하기 바랍니다.

우버 자율주행차 사고의 교훈

최근 우버 자율주행차가 사고를 내어 보행자가 사망하였습니다. 물론 보행자는 어두운 도로를 불법으로 건너던 노숙자였고 잘 보이지 않아서 낸 사고라고 하고 있으나 분명한 것은 자율주행 기술이 완벽치 못하는 또 하나의 반증이어서 더욱 전 세계에 충격을 주었다고 할 수 있습니다.

최근의 화두는 전기차와 자율주행차입니다. 특히 자율주행기술은 카메라와 센서, 반도체, 알고리즘 등 고부가가치가 높아서 모든 글로벌 기업들이 덤벼두는 미래의 먹거리라 할 수 있죠. 이번 사건으로 자율주행차 기술에 대한 재점검 및 법적 제도적 고민은 더욱 많아졌다고 할 수 있으나 그렇다고 부정적인 시각이 팽배되어 새로운 기술 개발에 대한 의지가 꺾여서는 안된다는 것입니다.

특히 우리는 선진국 대비 3~5년이 뒤져 주도권에 대한 고민이 많은 상황입니다. 이번 사고를 기회로 국내에서 시행 예정인 자율주행차 실증 적용에 대한 철저한 준비는 물론 각종 제도적 법적 준비로 각종 문제를 적극적으로 대처할 수 있는 기회 되었으면 합니다.

더불어 아직 국내의 제도는 규제 일변도의 포지티브 정책인 만큼 더욱 서둘러서 규제 철폐와 주도권 확보를 위한 노력이 함께 이루어지기를 바랍니다.

전기차 안전의 트위터

얼마 전 미국에서 테슬라 전기차가 가드레일과 충돌하면서 폭발하여 운전자가 사망하였습니다. 특히 자율주행 기능인 오토 파일럿 기능도 함께 활용한 것으로 확인되면서 자율주행 문제와 전기차 배터리 문제가 함께 발생한 것으로 판단되어 미국 당국에서 조사 중에 있다고 할 수 있습니다.

특히 전기차는 최근 전 세계적으로 가장 관심을 끄는 친환경차로 부각되어 있고 기술적 한계도 서서히 극복하면서 기하급수적으로 증가하고 있다고 할 수 있습니다.

물론 아직은 내연기관차 대비 전위적인 역할이지만 공급량이 늘어나면서 각종 사고도 부각될 것으로 판단됩니다. 이번의 경우 아직은 배터리 폭발은 확인되지는 않았지만 가능성이 어느 때보다 높다고 할 수 있습니다. 당연히 리튬 배터리는 큰 압력에 대하여 폭발이나 화재의 가능성이 크기 때문이죠.

여기에 여름 홍수 때 올라온 물이 바닥에 장착되어 있는 배터리가 물에 잠기면서 감전이나 그 밖의 누전으로 인한 사고의 발생도 일어날 수 있습니다. 구난구조의 대명사인 119 구조대원들도 전기차 사고 발생 시 구난방법이 다르며, 당연히 전기차 화재 시에도 소화제 종류가 다르다고 할 수 있습니다.

전기차의 급격한 보급은 당연히 환경적인 요인이 크지만 역시 동전의 어두운 부분이 부정적으로 팽배되지 않게 최소한으로 발생할 수 있는 근본적인 대책도 중요할 것입니다. 준비가 더욱 철저히 이루어져야 합니다.

이륜차 운행, 이래서야?

봄철에는 나들이도 많고 차량 운행도 많아지면서 교통안전에 더욱 만전을 기해야 합니다. 예전에 비하여 교통안전도도 높아졌다고 하지만 우리나라는 연간 4천명 이상이 사망하는 교통후진국입니다.

항상 조심해야 하는 이유이기도 합니다. 특히 최근 이륜차의 불법운행이 눈에 띱니다. 음식배달이나 퀵 서비스 등의 운전행태를 보면 정상적으로 운전하는 사람이 드물 정도입니다. 도로 사이를 위험하게 빠져 나가는 것은 기본이고 횡단보도를 보행자와 함께 꺾어서 보행로로 들어오기도 합니다. 보도 차도 구분 없이 마음대로 운행하고 속도도 높아서 여간 위험한 것이 아닙니다.

국내에 온 외국인이 놀라는 것 중의 하나가 바로 보행로로 이륜차가 들어와 운행하고 주차하는 경우입니다. 선진국에서는 도저히 볼 수 없는 광경이죠. 우리는 습관화가 되어서 보도를 걸으면서 이륜차를 자연스럽게 피하기도 합니다. 가장 나쁜 습관이 몸에 배었다 할 수 있습니다.

이제는 바뀌어야 합니다. 워낙 국내 이륜차 산업이나 문화는 무너졌지만 하나하나 바뀌는 계기가 되어야 합니다. 일반 자동차 분야는 문화적으로 선진화를 위하여 노력하고 있으나 이륜차만큼은 모두가 외면하고 있습니다.

정부도 그렇고 일선 관계자들도 마찬가지입니다. 자정 노력도 없고요. 경찰청도 선진형 제도 정착을 위하여 풀어줄 것은 풀어주어야 하지만 단속 등 위법의 경우 강력하게 하여야 합니다. 이제는 바뀌어야 합니다.

중고차 구입은 이렇게

어느덧 봄날도 한낮에는 더위가 물씬 풍깁니다. 봄은 나들이 등 활동폭도 커지는 만큼 경제 활동도 활발해집니다. 이 중 신차와 더불어 중고차 거래도 더욱 활기를 띠게 되죠.

우리의 중고차 규모는 연간 약 380만대, 30조원 시장에 이릅니다. 이미 선진국 이상의 규모이지만 아직 유통의 투명성은 선진국 대비 낮다고 할 수 있습니다. 허위 미끼매물부터 주행거리 조작 등 성능점검의 한계와 품질보증도 아직은 약합니다. 전체 거래의 약 40%에 이르는 개인 거래인 당사자 거래도 위장 당사자 거래가 되면서 소비자의 피해는 줄지 않고 있습니다. 중고차 구입 시에는 법정 품질보증 거래인 기업을 통한 사업자 거래가 중요하고 품질보증서도 보관하여야 문제 발생 시 보상을 받을 수 있습니다. 특히 구입대상 중고차가 있는 경우 보험사고 이력정보를 통하여 우선적으로 사고 유무를 확인하여야 하고 인터넷 정보는 모두 믿지 말고 참고하는 것이 좋습니다.

직접 방문 시에는 중고차 거래가 풍부한 주변 친지나 전문가를 대동하는 것이 좋습니다. 그리고 현장에서 차량을 직접 확인하고 필요하면 직접 운행해보는 것도 중요합니다.

가장 큰 문제의 차량은 **사고차, 침수차, 접합차**입니다. '싸고 좋은 중고차'를 구입하기는 어렵지만 열심히 발품을 팔면 기회는 꼭 옵니다. 중고차 구입 한번 생각해보시죠.

세차의 시기와 요령

따뜻한 봄날에 자동차 세차도 많아지고 있습니다. 옷차림도 중요한 만큼 자동차의 세차도 보기에도 깔끔하지만 내구성이나 고장빈도를 줄인다는 측면에서도 중요한 의미를 지니고 있습니다. 세차의 종류는 주유소 옆에 딸려 있는 자동차 세차를 주로 이용하고 그 다음이 비용이 좀 고가인 손세차 입니다. 그리고 직접 세차할 수 있는 도구를 갖춘 셀프 세차라 할 수 있습니다.

대부분 자동 세차를 이용하는 경우가 많은데 무엇보다도 세차 시 사용되는 자동차 세차용 솔이 중요합니다. 부드럽지 않으면 처음에는 잘 모르지만, 반복 사용하게 되면 햇빛에 반사되었을 경우 자동차의 도장면에 흠집이나 스크래치가 많이 남아있게 됩니다.

특히 신차는 약 6개월간 자동차 세차를 하지 않는 것이 필요합니다. 도장면 안쪽이 아직은 완전히 굳어지지 않은 관계로 신차는 물만 뿌리고 간단하게 직접 세차를 해도 깨끗함을 유지할 수 있습니다. 특히 세차원에서 약간의 비용을 더 지불하고 하부 세차도 종종 하는 것도 필요합니다.

셀프세차 시에는 사용하는 솔이나 스펀지에 모래나 흙 등 이물질이 붙어 있는 경우 차량 표면에 손상을 입힐 수 있습니다. 더욱이 세차로 인한 손상을 보상받는 경우가 많지 않습니다. 세차 전후를 비교하기도 어렵고 대부분 세차로 인한 손상은 책임을 지지 않는다는 규정도 있기 때문이다. 기분 좋은 세차 깔끔하고 문제없이 진행하는 것도 요령이 필요합니다.

배려 운전은 인격입니다

여러분은 운전 중 다른 사람을 위하여 얼마나 배려하고 계신지요? 우리는 너무 급하고 거친 운전을 많이 합니다. 이른바 3급_急 운전, 급출발, 급가속, 급정지이죠. 모든 것이 급하고 앞뒤 차의 간격도 좁다보니 추돌사고도 빈번합니다. 앞에다 큰 차라도 두게 되면 바로 큰 사고로 이어지기도 합니다.

연간 교통사고 사망자 수가 OECD국가의 4배에 이르고 있습니다. 남에 대한 배려와 양보도 부족하여 싸우기도 일쑤입니다. 그래서 법적으로 난폭 운전이나 보복 운전에 대해 강력한 단속도 하고 있을 정도입니다. 남들이 끼기라도 하면 서로가 무리한 운전을 하게 됩니다. 끼어드는 차나 끼여주는 차 모두 양보를 해야 합니다. 그리고 양보를 받으면 당연히 미안해하고 고맙다고 표시를 해야 합니다.

우리가 항상 하는 비상등만 켜도 상당부분 난폭 운전을 막을 수 있습니다. 당연하다고 양보받고 교만해하면 서로가 기분이 나쁘게 됩니다. 허술한 운전면허 취득과 배려와 양보에 대한 어릴 때부터의 교육 미비, 양보하면 손해라는 사회적 인식, 배려에 대한 사회적 기본 상식에 대한 미비 등 모든 것이 부족한 사회이기 때문입니다.

당장 나부터 5분 일찍 서둘러도 마음의 여유가 다르게 됩니다. 친환경 경제운전인 에코드라이브는 **연료 절약**, **이산화탄소** 등 **유해가스 배출 감소**, **교통사고 감소**라는 1석 3조의 효과는 바로 **양보**와 **배려 운전**을 뜻합니다. 하루에 양보 운전 5번 하기 어떻습니까? 한번 실천하면 두 번은 쉽습니다.

비상망치 비치(II)

 지난 5월 12일 제2서해안 고속도로에서 의식을 잃고 중앙분리대를 계속 치면서 운행하던 차량을 세우고 구출한 의인에 대한 칭송이 자자합니다. 더욱이 본인이 운전하던 차량을 앞지르기를 하고 앞에서 제동을 하면서 차량을 정지시키고 주변에서 비상망치를 구하여 운전자를 구한 사건은 아무나 할 수 있는 사안이 아닐 정도로 용감하고 칭찬이 부족할 정도로 대단한 사건이라 할 수 있습니다.

 이 사건을 통하여 여러 가지 고민하여야 할 사항도 있습니다. 우선 주변 차량의 속도가 높았다면 1차로에서 이러한 행위를 하기 불가능할 정도로 심각한 상황이 될 수 있다는 것입니다. 연간 2차 사고로 인한 사망자가 약 33명일 정도로 고속도로 상에서의 1차선 행위는 더욱 조심하여야 합니다.

 비상망치가 없어서 주변 차량을 세우거나 도로를 횡단하면서까지 하는 행위는 더욱 위험한 상황입니다. 그 만큼 우리가 운전하는 일반 차량에는 비상망치와 소화기가 전혀 없습니다. 일생 동안 한 번도 사용을 하지 않는 경우가 대부분이지만 단 한번을 위하여 이 장비는 의무화가 중요합니다. 있고 없고가 목숨을 좌우하기 때문입니다.

 비상망치 뒤에는 칼날이나 가위가 붙어 있어서 비상시에 얽혀 있을 수도 있는 안전띠를 자르고 유리를 깨는 도구라 할 수 있습니다.

이번 기회를 단순히 남을 용감하게 구한 의인의 단순 사건으로 끝내기
보다는 우리 차량에 대한 안전의식과 2차 사고 대비조치 등의 교육을 강화
하고 의무 장비 등 다양한 안전조치가 후속으로 이루어졌으면 합니다.
우리는 매년 교통사고로 수천 명 이상이 사망하는 교통 후진국입니다.

2018.6.3

에어백과 상용차 범퍼

예전부터 승용차의 교통사고로 인한 에어백 미전개가 문제로 제시되고 있습니다. 승용차를 폐차할 정도로 큰 사고였고 탑승자도 중상을 입었는데 에어백 어느 하나도 작동되지 않는 것입니다. 에어백 결함을 주장하고 메이커와 싸우고 있지만 모든 사안이 에어백 결함은 없다는 결론입니다.

물론 모든 검토 과정을 메이커에 맡기다보니 믿지 못하는 부분도 많고 정부 차원의 객관적인 검증기관도 없다는 것이 문제점입니다. 여기에 소비자 중심의 정부의 움직임보다는 메이커에 초점이 맞추어져 있다 보니 자동차 소비자는 불리한 부분이 많습니다. 당연히 앞으로 개선되어야 할 부분입니다. 아직 자동차 소비자는 봉이라는 뜻이죠.

물론 에어백 미전개 이유는 상당부분이 충돌각도와 충돌 가속도가 부족한 경우가 많습니다. 일반적으로 충돌 시 정면충돌은 없고 운전자가 핸들을 꺾다보니 정면 일부만 충돌하면서 각도가 어긋나는 경우가 많다고 할 수 있습니다. 특히 충돌 속도도 크다고 하지만 상황에 따라 에너지가 분산되면 역시 에어백은 전개되지 않습니다.

차량이 가드레일 등에 빗겨 충돌하면서 전복되면 충돌 가속도가 주는 이유가 되기도 합니다. 특히 상용차나 버스 등 범퍼 높이가 높은 차량은 하부의 후부 안전판에 승용차 범퍼가 충돌하면서 충돌에너지가 분산되고 파고 들어가면서 운전자는 치명적인 손상을 입지만 에어백은 터지지

않는 경우도 많다는 것입니다.

　따라서 제도적 강화도 필요하지만 트럭 등 상용차의 범퍼 높이는 낮게 설계하거나 후부 안전판을 강화하여 승용차가 파고 들어가는 것을 방지하는 것도 생명을 구하는 방법이 될 것입니다. 그렇게 하면 에어백도 터질 것이고 생명도 구할 것입니다.

　당연히 안전기준 강화하여야 합니다.

올바른 전기차 운행법

최근 전기차가 인기를 끌고 있습니다. 올해 보조금 책정 2만대가 1월 중순에 이미 예약이 끝났고 정부는 추경 예산으로 8천대를 추가로 확보할 정도가 되었습니다.

전기차의 단점이었던 일충전 거리도 늘어 겨울철 히터를 틀어도 300km 이상은 주행할 정도가 되었습니다. 여기에 공공용 충전기수도 지속적으로 설치하여 주변에 많아지고 있습니다. 물론 아직 한국형 선진 모델 정립에는 풀어야 할 숙제가 많지만 확실하게 좋아지고 있다는 것입니다.

한 가지 유념해야 할 부분은 일반 내연기관차를 대신하여 같은 개념으로 활용하기 보다는 모두가 지니고 있는 휴대폰과 같은 이용법이 필요하다는 것입니다. 가장 전기에너지가 저렴하고 영여분이 남아있는 심야 전기에너지를 이용하여 완속 충전하는 방법입니다.

특히 전기차의 약 40% 이상의 가격이 소요되는 배터리의 내구성을 위해서는 완속 충전이 가장 좋다는 것입니다. 특히 저렴한 심야용 전기에너지를 이용하면 일석 삼조의 효과가 있습니다. 오후시간대에는 고가이면서도 전력 예비율을 고민하는 활용보다는 심야가 크게 효과가 있다는 것입니다. 물론 전기자동차에 사용하는 전기에너지는 발생 방법에 따라서 간접적인 오염원이 배출됩니다.

석탄화력발전소 등 비친환경적인 방법으로 전기에너지를 생산한다면 역시 친환경 교통수단의 한계가 있다는 것이죠. 따라서 전기자동차의 활용은 미래의 먹거리 차원에서 중요한 수단이지만 역시 사용되는 전기에너지를 위하여 신재생 에너지의 활성화 방법도 필수적인 조건인 만큼 인프라적인 부분도 충분히 감안하여야 한다는 것입니다. 그래서 전기차 한 가지에올 인하기보다는 다양한 친환경 교통수단을 조화롭게 이용하는 큰 시각이 필요한 시기입니다.

자동차 편의성이 절대 안전할까?

최근 자동차 기능이 다양하고 복잡해지면서 편의성과 안전성을 도모하고 있지만 때에 따라 도리어 문제가 발생하는 경우도 늘고 있습니다. 새로운 차량을 구입하였을 경우 대부분의 운전자는 자신의 베테랑 운전법(?)을 믿고 사용설명서를 소홀히 다루는 경우가 많습니다. 분명히 새로운 기능이 추가되고 차량에 맞는 관리법이 있는 만큼 꼭 훑어보는 습관이 중요합니다.

최근 편의성이 커진 만큼 소홀히 다루거나 무의식적으로 사용하다가 큰 낭패가 되는 경우도 늘고 있습니다. 먼저 자동변속기가 대부분 보급되다보니 정차하고 내릴 때 다른 생각에 몰두하고 있거나 소홀히 하다가 레버를 D에다 놓고 그냥 내리다가 큰 문제가 발생하는 경우도 있습니다.

특히 앞에서 급한 문제가 발생하면 시간에 쫓기다가 N이나 P가 아닌 D에다 놓고 내리는 경우죠. 이 경우 차량이 움직이다보니 잘못하면 크게 다칠 수가 있습니다. 심지어 아파트 단지에서 운전자가 쓰레기를 버리다가 깜박 D에다 놓고 내리다가 차량이 움직이면서 벽과 문짝에 몸이 끼면서 사망하는 사고도 있었습니다. 꼭 주의해야 할 것입니다. 또 다른 경우는 요사이 스마트키를 이용하면서 스타트 스톱 버튼을 이용하여 시동을 걸다보니 목적지에 도착하여 깜빡 잊고 시동을 끄지 않고 그냥 내리는 경우입니다.

　예전과 같이 키를 돌리고 뽑아서 갈 경우 이런 실수가 없으나 요사이는 몸에 키를 지니고 있고 자신도 모르게 그냥 시동을 켜둔 채로 내리는 경우입니다. 더욱이 정숙성도 좋아서 시동소리가 거의 들리지 않아 발생하는 실수이죠.

　이 경우 엔진이 켜진 상태에서 과열되어 화재가 발생하기도 합니다. 미국 등에서는 이에 따라 정지 상태에서 일정 시간이 지나면 시동이 꺼지게 하는 장치를 탑재하도록 고민하고 있을 정도입니다. 우선 운전자가 항상 조심하여야 할 것입니다.

번호판은 자신의 신분

자동차는 공로상에 다니는 문명의 이기 중 대표적인 융합체입니다. 공로상에 다니는 만큼 서로를 배려하고 양보하지 않으면 도리어 흉기가 될 수 있습니다. 그 많은 자동차가 확실히 자신의 신분을 남에게 잘 알리는 임무는 더욱 중요할 것입니다.

중국의 경우 우리보다 못한 교통시스템과 자동차문화를 가지고 있지만 트럭이나 버스 등 뒤쪽에 번호판과 별도로 큰 글씨로 번호를 표시한 부분은 자신의 확실한 신분을 알린다는 측면에서 우리가 크게 배울 점이라 봅니다. 이렇게 자동차의 번호판은 남에게 확실하게 알린다는 측면에서 더욱 중요한 관리사안일 것입니다.

최근 이와는 역행하는 사례가 늘고 있습니다. 극히 일부 택시는 일부러 번호판 등을 끄거나 전구를 빼거나 하여 번호를 주변에 모르게 하고 과속이나 교통법규 위반을 일삼는 사례가 늘고 있습니다. 다른 사람의 생명을 담보로 하는 만큼 중요한 위반 사안입니다.

여기에 대학 내 등에서는 도로 외 지역이라는 특성을 악용하여 스쿠터 등의 번호판을 아예 부착하지 않고 운행하는 사례도 늘고 있습니다. 경찰 등은 도로 외 지역이라 하여 단속도 하지 않고 있으나 아파트 등 다른 도로 외 지역의 경우도 도로의 연장선상에서 선진국과 같이 확실한 단속을 하여야 한다는 것입니다.

한번 이러한 부정적인 사례가 지속적으로 늘어나고 확실한 단속을 하지 않는다면 무법천지의 후진국가로 전락하는 것은 물론 일반인들의 안전에도 큰 지장을 줄 것입니다. 확실한 단속이 필요한 시점입니다.

2018.7.8

포트홀 대책

얼마 전 도로 위의 구멍을 지칭하는 포트 홀에 의하여 운전자가 사망하는 사고가 발생하였습니다. 포트 홀은 겨울철 느슨해진 아스팔트 위에 얼음이 녹았다 얼었다 하면서 아스팔트가 꺼지면서 발생하기도 하고 역시 여름철 비가 자주 오면서 발생하는 도로 상의 시한폭탄이라 불립니다.

운전자가 도로 위에서 순간적으로 포트 홀을 만나면 당황하게 되고 적절히 피하지 못하면 큰 사고로 이어질 수 있죠. 조그마한 포트 홀은 그나마 큰 사고는 발생하지 않지만 타이어가 터지거나 알루미늄휠이 깨지는 사고도 발생할 수 있고 이번 사고와 같이 포트 홀에 바퀴가 빠지면서 순간적으로 핸들이 돌아가 큰 사고로 이어질 수도 있다는 것입니다.

대책은 쉽지가 않습니다. 도로공사나 지자체는 항상 이 시기에 도로의 문제점을 해결하고자 노력하고 포트 홀이 있는 경우 더욱 빠른 복구가 필요합니다. 포트 홀이 있는 경우 신고정신도 더욱 필요합니다.

운전자는 3급￿ 운전을 지양하고 앞뒤 차의 간격을 충분히 띄어 포트 홀이 나타나면 피할 수 있어야 합니다. 물론 큰 포트 홀은 피할 수 없는 만큼 속도 감속이 중요합니다. 더욱이 지금과 같이 장마철인 경우 비로 인하여 포트 홀에 물이 잠기게 되면 보이지 않아서 더욱 위험합니다. 심야 운전은 더욱 위험하겠죠. 그래서 전방 주시를 소홀히 하지 않고 여유 있는 운전이 꼭 필요합니다.

2차적 사고는 치명적이다

최근 2차사고로 탑승자가 사망하는 사고가 잇따르고 있습니다. 특히 고속도로 1차선에서 차량에 문제가 발생하면 가장 위험한 상황이 됩니다. 지난 5년간 2차사고 사망자수가 연간 평균 37명에 이릅니다. 치사율도 52%가 넘어 일반 교통사고 치사율보다 6배가 넘습니다.

왜 이런 문제가 계속 발생할까요?

대처방법도 모르고 교육도 전무하기 때문입니다. 운전하는 일생 동안 배운 기억도 없습니다. 비상용품도 의무화된 제품이 거의 없습니다. 선진국은 소화기와 유리 깨는 비상망치는 물론 탑승자 대피를 위한 야간안전조끼가 운전석이 있는 실내에 있습니다.

우리는 1차 사고 후 현장에서 서성거리다가 2차 사고로 사망자가 급격이 늘어납니다. 1차 사고가 발생하면 비상등을 켜고 트렁크를 열며, 안전삼각대와 비상 점멸 손전등이나 불빛 신호기를 후방에 던지고 탑승자 모두가 가드레일 밖으로 신속히 대피해야 합니다. 그리고 119 등 신고조치를 취해야 합니다. 물론 이렇게 피할 경우 사고가 발생할 수 있는 만큼 만전을 기해야 합니다.

이러한 대피 방법은 단순한 것이 아니어서 지속적으로 교육을 받아야 하는데 우리는 전혀 없습니다. 이제는 운전면허 취득 때의 안전교육은 물론 관련 비상용품의 의무화도 서둘러야 합니다. 언제까지 교통 후진국으로 머물러 있을 것인지 걱정이 앞섭니다. 바꿔어야 합니다.

2018.7.22

여름철엔 자동차도 더위를 먹습니다

점차 온도가 올라가고 있고 뜨거워지고 있습니다. 곧 여름 휴가철입니다. 사람과 마찬가지로 차량도 문제가 발생하는 계절입니다. 차량관리도 중요하고 동시에 운전도 조심해야 합니다.

폭우 등을 대비하여 와이퍼와 워셔액 준비도 중요하고 제동을 위한 브레이크와 타이어 상태도 꼭 확인하여야 합니다. 당연히 냉방장치와 배터리, 냉각수 등도 확인해야겠죠.

주차의 경우도 뜨거운 바깥보다 그늘진 곳이 좋습니다. 뜨거운 차량 내에 라이터나 스프레이 등도 두면 안됩니다. 또한 살아있는 생명체를 차안에 두고 뜨거운 외부에 방치해도 안됩니다.

에어컨 사용방법도 숙지하여 연료를 아끼면 더욱 좋겠죠. 오래된 중고차의 경우는 더욱 신경을 써야 합니다. 엔진오일이나 냉각수가 줄어드는 경우도 있는 만큼 장거리 여행 시에는 준비해야 할 물품이 많습니다.

계절별 관계없이 비상용품도 필요합니다. 소화기, 비상망치와 야광안전조끼 등입니다. 운전자는 졸음운전이나 과속은 금기입니다. 뒷좌석도 꼭 안전띠를 채우고 아이가 있으면 카 시트도 준비해서 문제가 없도록 하는 것은 당연할 것입니다.

어느 하나 소홀히 하면 문제가 발생하거나 심하면 생명에 영향을 줄 수 있는 중요한 사안인 만큼 항상 만전을 기했으면 합니다. 즐겁고 안전한 운전이 되어야 행복도 유지할 수 있습니다.

폭염 속 버스 안에 방치된 아이!

얼마 전 폭염 속 소형 유치원 버스 안에 방치된 아이가 안타깝게 목숨을 잃는 사고가 발생하여 주변을 마음 아프게 했습니다. 이미 예전부터 같은 사고가 반복되는 것을 보면서 우리가 얼마나 안전 시스템이 망가져 있는가를 다시 한번 일깨우는 사례가 되고 있습니다.

이러한 성인들의 불감증으로 인한 아이들 사망사고는 한두 번이 아닙니다. 매번 사고가 발생할 때마다 안전조치를 제도적으로 갖추겠다고 선언하고 있으나 매번 공염불이라는 것입니다. 이미 세림이법으로 인솔교사의 강화된 의무사항이 있으나 소용이 없다는 것입니다. 법만 그럴 듯하게 만들어놓았지 실질적인 액션플랜이 없기 때문입니다.

탑승한 인솔교사의 확인과 운전자의 확인, 그리고 유치원에서의 확인 등 겹겹이 있는 안전 확인만 하였어도 7시간 방치되어 아이가 죽어가지는 않았을 것입니다. 선진국에서 진행하고 있다는 맨 뒷좌석에 장착하는 차일드 확인버튼도 좋고 동작센서 등 첨단 장치도 도움을 줄 수 있으나 두세 번 확인하는 성인의 역할이 더욱 중요하다고 할 수 있습니다.

최근 많이 사용하는 유치원이나 학원에서의 등원 확인 메시지를 부모에게 만이라도 보냈으면 이러한 문제는 없었을 것입니다. 세월호 문제도 그렇고 성인의 최소한의 의무만 다했어도 이러한 반복된 재난은 없다는 것입니다.

그 만큼 우리 사회는 문제투성이입니다. 하나하나 확인하고 세밀하게 다듬고 재삼 확인하는 교육과 시스템은 물론이고 제도와 법적 조화 등 다양한 안전망을 구축하는 대전환이 요구된다고 할 수 있습니다. 정부와 국민은 물론 산학연관의 모두가 자신의 일로 생각하고 아이들이 안심하고 마음껏 즐길 수 있는 사회가 되었으면 합니다.

특정 수입차 화재에는 면죄부가 있는가?

최근 수입차 단일 모델에 며칠 사이에 연속적으로 화재가 발생하면서 큰 주목을 받았습니다. 결국 해당 수입사에서 리콜하기로 결정하였고 정부도 이를 확인하고 있는 상황입니다.

문제는 최근 폭염으로 해당 모델에 화재가 연속 발생하여 주목을 받았지만 이미 작년부터 해당 차종은 화재가 지속적으로 발생하고 있는 상황이었다고 할 수 있습니다. 결국 문제가 커진 상황에서 리콜을 하기로 하였고 역시 준비기간 등을 고려하면 8월 후반에나 리콜은 시작된다는 것입니다.

늑장에 대한 책임을 누구도 지지 않습니다. 모든 피해는 국민이 받고, 10만 여명의 해당 차량 운전자들은 당황할 수밖에 없습니다. 현재의 상태로는 화재가 계속 발생할 확률이 높은 상황에서 운행을 자제할 수밖에 없습니다.

정부는 이에 대한 언급도 없습니다. 이렇게 늦게 조치해도 정부는 방관하고 있고 국민은 피해자가 될 수밖에 없다는 것입니다. 이러한 배경에는 문제 해결에 소홀할 경우 천문학적인 벌금을 부담시키는 징벌적 보상제가 없고 운전자가 자동차의 결함을 밝혀야 하는 구조, 소비자측면에서 정부가 움직이지 않는 관행 등이 겹치면서 우리나라에서 보편화된 후진국형 제도라 할 수 있습니다.

좀 더 빠르게 솔직하게 신뢰성 높은 시스템을 국민은 바라고 있습니다. 진정한 선진국이 되기 위해서는 더욱 노력해야 가능할 것입니다. 아직 길은 멀었습니다.

자동차용 소화기 장착 의무화

　최근 자동차의 화재가 자주 발생하면서 차량용 소화기 장착 의무화에 대한 언급이 많아졌습니다. 정부 여러 부서에서 의무화에 대한 고민을 하고 있는 상황이나 반대도 많다고 할 수 있습니다. 비용 증가나 장소가 협소하다든지 심지어 급정거 등으로 인한 흉기로 작용한다든지 하는 어이 없는 경우도 있습니다. 가장 큰 문제는 우리는 자동차에 문제가 발생할 경우 생명을 좌우하는 비상용품이 거의 없다는 것입니다. 오직 안전삼각대가 트렁크에 있는지 없는지 정도입니다.

　선진국은 소화기나 유리 깨는 안전망치, 안전삼각대는 물론이고 점멸 손전등, 야광안전조끼도 있습니다. 하나하나가 생명과 안전에 직결된 중요한 핵심장치입니다. 최소한 소화기는 초기 화재 발생 시 중요한 역할을 할 수 있다는 것입니다. 선진국은 의무화보다는 주로 권고사항으로 하지만 미리부터 메이커나 소비자가 구입하여 운전석 옆에 두는 문화가 되어 있어서 강제적으로 하지 않아도 대부분 구비하고 있다는 것입니다. 우리는 강제로 하지 않으면 아예 준비는커녕 이를 핑계로 구비를 하지 않는다는 것이죠.

　이렇게 의무화에 대한 고민보다는 메이커가 관련 기업이 나서서 구비를 권장하고 홍보해주는 바람직한 모습이 아쉽습니다. 현재로서는 메이커가 가장 반대를 하는 상황입니다.

　자동차 딜러가 일선에서 다른 옵션을 인심 쓰기보다는 소화기와 비상망치 등을 준비해서 구비해주면 더욱 더 좋을 것입니다. 이제는 변해야 합니다. 진정한 선진국 문화로 메이커부터 변했으면 합니다. 정부도 큰 관심을 가져주길 바랍니다.

BMW 화재의 공포는?

올여름 폭염은 국민들도 힘들게 하였지만, 연속적으로 발생한 차량 화재로 불안감을 주었습니다. 특히 BMW 차량의 연속적인 화재로 인하여 더욱 공포감을 불어넣었다고 할 수 있습니다. 최근 BMW 차량의 긴급 점검과 리콜이 진행되고 있지만, 아직 정확한 원인은 의구심이 많이 남아 있는 만큼 하루속히 정확하고 객관적인 원인 파악이 중요하다고 할 수 있습니다.

최근 국토교통부에서 민관조사단을 구성하여 본격적으로 진행할 예정이지만 걱정도 많습니다. 폭염이 가시면서 자연스럽게 BMW 차량 화재는 줄어들고 일반 자동차 화재와 섞이면서 국민적 관심은 줄어들고 정부도 적당히 리콜이 되었다고 모든 일은 끝낼 수도 있다는 것입니다.

현재로서는 국토교통부는 물론 환경부도 나서서 이러한 불안을 신속하게 현명하게 분석을 하여야 하고 여기에 걸 맞는 리콜방법도 밝혀주어야 합니다. 잘못하면 해당 차종이 향후에 화재라도 발생하면 모든 화재 책임이 개인으로 돌아갈 수도 있기 때문입니다.

그 만큼 우리의 자동차 관련법은 소비자가 매우 불리하고 문제라 발생시 보상을 받기가 어려운 구조입니다. 당연히 징벌적 배상제 등 소비자 중심의 제도적 안착도 필요하지만 BMW 차량 화재 원인을 정확하고 신속하게 파악하는 자세가 필요한 시점입니다.

잘못하면 내년 여름 폭염으로 인하여 해당 차종에 집중적인 화재가 발생한다면 BMW나 정부 모두 얼굴을 들 수 없을 것입니다.

징벌적 배상제를 활성화하라!

최근 BMW 차량 화재사건이 진행되는 가운데 늦장 리콜에 대한 문제점과 대안이 떠오르고 있습니다. 그 동안 여러 번 제도적 구축을 위하여 노력하였던 징벌적 손해배상제가 본격적으로 수면 위로 올라오고 있습니다. 메이커 등이 책임을 다하지 못하거나 고의적 은폐 등 문제가 발생할 경우 천문학적인 벌금을 물려 사회적 책임을 다하게 만드는 방법입니다.

미국의 경우 수천억 원에서 수조 원까지도 벌금을 물리게 하여 회사를 망하게 할 정도로 엄격하기로 유명합니다. 여기에 자동차 결함에 대한 책임 소재를 기존의 운전자나 소유자가 아닌 메이커가 지니는 방법도 고려하고 있습니다.

우리의 경우 자동차의 결함을 운전자가 증명하도록 하여 자동차 급발진 사고의 경우 100% 패소하는 직접적인 원인이기도 했습니다. 그러나 미국은 정반대입니다. 자동차 메이커가 자사 차량에 결함이 없다는 것을 메이커가 밝혀야 하는 구조여서 소비자가 보상을 받는 경우가 많다고 할 수 있습니다.

여기에 안전 등에 관련 문제가 동시 다발로 발생하면 정부가 선도적으로 개입하여 조사하는 선도적 모니터링 시스템도 생각하고 있습니다.

지금까지는 어느 하나도 국내 제도에 도입되지 못하였지만 현재 상황은 무르익고 있습니다. 진정한 선진국이 되기 위한 소비자 중심의 제도적 안착이 이루어져 자동차 분야의 균형 잡힌 선진 시스템이 이루어지길 바랍니다.

운전 시 상용차 주위는 위험률이 높다

얼마 전 고속도로에서 교통체증으로 서행하던 중형 승용차가 졸음운전을 하던 트레일러에 추돌을 당하면서 탑승한 부자 두 명이 현장에서 사망하는 사고가 있었습니다. 형태를 알아보기 힘들 정도로 우그러진 승용차를 보면서 국민들은 다시 한번 충격을 받았습니다.

이미 매년 여러 번에 걸쳐서 같은 사고로 모든 탑승자가 사망하는 사고는 국민을 충격과 공포로 몰아넣고 있습니다. 승용차가 아무리 방어운전을 하여도 재수가 없으면 모두가 죽는다는 어이없는 후진국형 사고라 할 수 있습니다. 조금 있으면 또 잊어먹고 같은 사고가 빈번하게 발생하는 사고 유형은 아무리 이해하려고 하여도 이해가 되지 않습니다. 심각하다고 할 수 있습니다.

같은 사고가 발생하면 강력한 처벌조항도 필요하고, 트럭이나 버스 등의 운전자에 대한 반복 교육과 관련 회사에 대한 실시간적 관리도 필요합니다. 당연히 과적으로 인한 추돌은 더욱 심각한 만큼 수시 조사와 처벌조항도 필요합니다. 운전자의 쉬는 시간과 피로도 조사는 물론 무리한 운행은 법적으로 제도적으로 정착시켜야 합니다.

차량에도 자동 제동정지장치와 같은 장비를 의무적으로 향후 신차에만 장착하지 말고 기존 차량에도 적용하는 방법도 적극적으로 고민해야 합니다. 운전자들도 기다리지만 말고 운전 시 주변에 큰 차를 두지 말고 운전하는 습관도 꼭 필요합니다.

특히 앞에 큰 차를 두면 시야가 가려 더욱 위험한 만큼 이제라도 안전운전 방법을 습득해야 합니다. 모두가 노력해야 하는 시점입니다. 형식적인 절차는 이제 그만두고 실질적인 조치가 필요합니다.

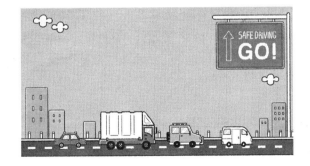

버스 안전의 천태만상!

자동차 사고는 목숨까지 잃는 경우가 많아서 다른 사고와 달리 위험요소가 가장 크다고 할 수 있습니다. 특히 우리나라는 다른 선진국 대비 교통후진국이어서 작년 교통사고로 사망한 국민이 4,180명입니다.

OECD국가 중 평균 4배 정도의 후진국이라 할 수 있죠. 이러한 자동차 중 대표적인 대중교통수단인 버스의 경우는 한 번에 수십 명의 탑승자가 탑승하고 있어서 사고라도 발생하게 되면 사고의 정도가 심각하여 더욱 많은 사망자를 발생하게 된다는 것입니다. 따라서 선진국에서는 다른 교통수단에 비하여 기준을 더욱 강화하고 수시로 점검하는 이유라고 할 수 있습니다.

우리는 이에 비하여 심각한 부재不在를 안고 있다고 할 수 있습니다. 안전점검도 유명무실하고 형식적인 경우가 많으며, 운전자 자격도 부실하여 심각한 결격사유가 되기도 합니다. 근무와 휴식에 대한 애매모호한 적용으로 형식적인 절차도 커서 총체적인 부실로 이어지기도 하죠. 근무시간은 길고 운행시간이 길어서 고된 근무로 심각한 피로가 누적된다고 할 수 있습니다.

얼마 전 명절 연휴 때 발생한 버스 관련 문제도 심각한 사항이라 할 수 있습니다. 무면허 운전자가 음주 상태에서 4시간 이상을 운전한 경우도 그렇고 운전자가 고속버스를 고속으로 운전하면서 한손에는 과도를, 다른 한손에는 사과를 들고 깎아먹으면서 운전하는 아찔한 경우라 할 수 있

습니다.

　이제는 그동안 몸에 배어있었던 후진적인 느슨한 관리체계를 선진형으로 하루속히 구축할 수 있는 사회적 안전망이 절실히 요구된다고 할 수 있습니다. 현재의 심각성을 빨리 인지하고 정부의 확실한 대처를 촉구합니다.

9월 28일, 도로교통법 개정

지난 9월 28일 도로교통법이 몇 가지 개정되었습니다. 이번에 개정된 내용에 대한 논란이 많은 이유는 바로 현실적이지 못하고 타당성이나 합리성이 결여되어 있기 때문입니다.

우선 모든 도로에서의 **전 좌석 안전띠 착용**은 당연한 의무사항이나 택시나 광역버스 등에서 영유아들이 착용할 수 있는 카시트 의무화에 대한 문제로 논란이 되고 있습니다. 부모들이 가지고 다닐 수 있는 내용도 아니고 택시가 장착을 할 수도 없는 실정이죠. 선진국도 예외 조항을 두는 경우가 많고 필요하면 콜택시 등에 일부 장착하여 호출을 할 수도 있을 것입니다. 구체적인 해결방안이 마련되어야 합니다.

두 번째로 **자전거 안전모 착용 의무화**입니다. 이미 논란이 된 문제로 공청회 등 수렴을 거치지 않고 나온 완성도가 떨어지는 의원입법 내용이라 문제입니다. 선진국에서도 거의 의무화되어 있지 않은 내용이죠.

옆집에 자전거를 탈 때도 안전모 착용은 물론 서울시에서 활성화되고 있는 자전거 대여 때도 안전모를 착용해야 합니다. 이미 일부 시행하는 경우도 분실도 많고 위생 등 여러 면에서 문제가 큰 사안입니다. 일본 등은 안전모 착용이 거의 없어도 사고는 최소 수준으로 낮습니다. 결국 자전거 이용자, 보행자 및 운전자의 안전 의식 제고와 시스템 제고라는 것을 알 수 있습니다.

또한 경사로에서의 고임목 의무화도 현실과는 동떨어져 있죠. 경사로에 대한 정의도 없어서 1~2도 경사에 대한 기준도 없고 고임목도 한두 개가 필요한 것인지 모든 바퀴에 필요한 것인지 조차 없습니다.

따라서 이번 도로교통법 개정안은 문제가 한둘이 아닙니다. 시작부터 사문화단계를 밝고 있다고 할 수 있습니다. 좀 더 합리적이고 신뢰성 높은 정책이 나와야 합니다. 특히 공청회, 전문가 간담회 등 다양성을 거치고 문화적 공감대가 커진 다음에 해도 늦지 않습니다.

버스전용차로의 활용

벌써 도심지 버스전용차로가 시작된 지 20년이 훌쩍 넘은 듯합니다. 서울시를 시작으로 전국 대도시에 도입되어 도심지 교통체증을 해소하는데 크게 기여하고 있습니다.

그 동안 택시 등의 진입 시도 등 다양한 활용을 고민하기도 했습니다. 장점만 있는 것은 아닙니다. 광역버스만 진입하다보니 시내버스와 마을버스는 다른 차선을 이용하여 운행하다보니 결국 피해는 자가용 등으로 감당해야 하는 단점도 큽니다.

외부의 진입에 따른 해당 지역의 주민은 버스전용차로 이용도가 거의 없어서 상대적 불만도 높은 편입니다. 여기에 출퇴근 시간을 빼면 심야 등 비어있는 시간은 버스전용차로는 아깝기 그지없습니다.

수년 전에는 대표적인 친환경차인 전기차의 한시적 비보호 진입을 고민하던 때도 있었습니다. 결국 정부부서간의 이해관계와 이해단체의 방해로 실패하였으나 역시 버스전용차로의 다양성을 높이자는 취지였습니다. 이제는 바꾸어야 할 시기입니다.

버스전용차로마다 밀리는 시간과 문제가 없는 시간대는 다양한 자료를 통하여 알 수 있고 노는 전용차로를 활용하여 차량 이용도를 활성화할 필요가 있습니다. 특히 시민을 위하여 냉정하게 판단하여 적극적으로 활용해야 합니다. 이해관련 단체의 배제도 중요할 것입니다. 객관성과 공정성은 물론 공감대 형성을 한다면 머지않아 좋은 결과가 도출될 것으로 확신합니다.

한국 운전면허제도, 세계가 웃는다!

국내 운전면허 제도의 문제점은 아주 심각합니다. 이제는 자주 언급하여 신물이 날 정도입니다. 단 13시간의 시험으로 결정되는 세계 최고로 낮은 수준입니다. OECD국가 치고 이렇게 허술한 시험을 치르는 경우는 없습니다.

특히 운전면허는 공로상에서 다른 사람의 생명을 담보로 하는 살인 면허증이나 다름이 없습니다. 이웃 일본이나 중국도 50시간이 넘고 수개월의 피나는 노력과 비용이 수반됩니다. 우리도 약 7년 전 이명박 대통령의 운전면허 간소화 발언 이전에는 괜찮았습니다. 그 이후 엉망이 되었다고 할 수 있었음이 이로 인한 피해는 점차 심각해지고 있습니다.

얼마 전 제주도에서의 4살 아이의 사망도 초보 운전자가 렌트를 하여 운전하다가 서투른 운전으로 사망한 사례 등 얼마든지 많다고 할 수 있습니다. 심지어 중국에서조차 자국민들이 단기간의 우리나라 관광으로 운전면허 취득을 금지해달라고 공문을 보낼 정도입니다. 매년 5천 명 정도가 3일 안에 운전면허를 취득해가고 있습니다. 호주는 약 2년, 독일은 3년이 넘어야 정식 면허가 취득할 수 있습니다. 우리는 단 하루 반이면 됩니다.

이제는 제도적 문제점을 거론하기 힘들 정도입니다. 아마도 머지않아 우리의 국제 운전면허가 다른 국가에서 인정하지 않는 시기가 올 것입니다. 정부는 각성해야 합니다. 국민들도 쉬운 면허 취득으로 당장은 기뻐할 수 있으나 사고로 이어진다고 생각해야 합니다. 운전면허는 속성이 없습니다. 해외의 선진 사례를 외면하면 안 됩니다.

2018.11.4

국내 자동차산업의 위기!

최근 국내 자동차 산업의 위기가 심각합니다. 한국GM은 8천여 억 원의 공적자금이 투입되고 있음에도 불구하고 법인 분리 등 정상화와는 다른 방향으로 가고 있고 르노삼성차와 쌍용차도 점유율 등 여러 면에서 문제가 커지고 있습니다.

가장 큰 문제는 현대차그룹의 삼사분기 실적이 1%대의 순 영업이익률을 기록했다는 것입니다. 글로벌 제작사의 순 영업이익률은 일반적으로 6~7% 이상은 되어야 합니다. 심각도를 넘어 적자로 갈 가능성이 커지고 있습니다.

자동차 부품기업은 약 3조 원 이상의 자금을 정부에 요청했습니다. 가장 큰 문제는 이 상황이 더욱 악화될 가능성이 크다는 것입니다. 반등의 요소가 거의 없다는 것입니다. 이제는 경영상의 어려움을 넘어 부도가 나기 시작했다는 것입니다.

다른 산업과 달리 자동차 산업은 관련 산업과 후방 산업이 거대하여 국가의 경제와 함께 할 정도로 중요하다는 것입니다. 특히 미국이나 일본 등 해외 선진 경제는 괜찮은 데 유독 우리만 나쁜 이유는 제작사 등 투자 의욕과 실질적인 매출 등이 문제가 있다고 할 수 있으나 더욱 큰 문제는 정부의 경제 정책이 문제가 크다는 반증입니다.

이미 우리 주변에서는 상가 공실 등을 항상 볼 수 있을 정도로 심각한 후유증이 나타나고 있습니다. 일선 소상공인의 몰락 등 뿌리가 썩고 있다는 것이죠. 정부의 정책방향은 하루 속히 바뀌어야 한다는 것입니다.

더불어 고비용 저생산 구조의 탈피와 강성노조의 연속 파업 자제는 물론 더욱 질 좋은 자동차 판매와 적극적인 해외 시장 개척 등 해야 할 과제가 누적되어 있는 실정입니다. 총체적으로 산·학·연·관은 물론 국민이 허리띠를 졸라매고 매진해야 할 시기입니다. 지금이 위기입니다.

2018.11.11

궁극의 車, 수소연료전지차

최근 수소 연료전지차의 관심이 크게 높아졌습니다. 최근 대통령이 프랑스를 방문하면서 국산 수소연료전지차를 탑승하면서 더욱 기대가 높아졌다고 할 수 있습니다.

더욱이 수소 연료전지차의 기술수준은 세계 최고 수준이고 미래의 먹거리여서 더욱 긍정적이라 할 수 있습니다. 수소 연료전지차는 궁극의 차라고 할 정도로 무공해차의 결정판이라고도 합니다. 물론 전기차와 기술적인 공유가 60~70%에 이르고 역할이 다른 만큼 공존할 가능성이 매우 큽니다.

특히 올해부터 200여대의 소량 판매가 이루어지면서 절대 부족한 수소 충전소 등의 확대와 경쟁력 제고를 위한 정부의 관심과 투자 등이 필요해졌습니다. 대국민 홍보와 캠페인 등을 통한 이해도와 관심을 높이는 작업도 필요합니다.

그러나 해결과제도 높습니다. 우선 하이브리드차와 전기차 등과 균형을 맞추어 시기에 맞는 차종과 균형 있는 지원 등이 필요하고 수소 연료전지차의 단점을 해소하는 연구 노력이 더욱 중요합니다.

수소의 생산과 이동, 저장 등 해결과제가 한둘이 아닙니다. 여기에 높은 차량 비용과 수소 충전소의 비용 및 설치는 물론이고 님비현상Nimby Syndrome과 대국민 홍보와 캠페인을 통한 긍정적인 인식 제고 노력도 필요합니다. 우리 강점을 살릴 수 있는 산·학·연·관 노력이 중요한 시점입니다.

2018.11.18

디젤차의 명퇴를 채근합니다!

최근 정부에서 디젤차를 퇴출하기로 하였습니다. 미세먼지 문제가 더욱 부각되면서 자동차 미세먼지의 원인 중 약 20%만 차지하지만 국민 개개인이 참여하여 효과가 클 수 있다는 측면에서 더욱 중요한 대상이라 할 수 있습니다.

미세먼지의 원인 물질 중의 하나인 질소산화물의 약 90%를 배출하는 디젤차는 노후화가 될수록 오염도는 더욱 심각해집니다. 이번에 정부에서 기존 '클린 디젤 정책'을 폐기하고 각종 혜택을 없애기로 하였습니다. 동시에 가능하면 빠른 시일 내에 디젤차를 퇴출하는 정책도 시행할 예정입니다.

문제는 승용차에 집중하다보니 사각지대가 생각 이상으로 크다는 것입니다. 우선 특장차나 중장비 등에 사용되는 디젤 엔진에 대한 규제책이 뚜렷하지 못하고 한쪽에 치우쳐 있다는 것입니다. 특히 디젤 상용차에 대한 규제가 중요합니다. 모든 트럭이 디젤 엔진이고 노후화된 경우가 많습니다.

더욱이 1톤 트럭은 택배용이 많고 저속으로 주택가 등에 많이 운행됩니다. 생계형은 모두가 디젤차이고 노후화되어 있습니다. 그 만큼 유해가스를 많이 배출한다는 것입니다.

정부에서 노후화 된 디젤차 폐차 시 보조금을 주고 있으나 신차를 구입할 때 친환경차 구입을 자연스럽게 유도하여야 하나 그러지 못하다는

것입니다. 또다시 디젤차를 구입하면 문제가 다시 발생하는 문제점이 있습니다. 앞서 언급한 생계형 디젤차의 친환경 전환은 더욱 필수적입니다.

이미 개발된 LPG엔진 등을 활용하여 하루속히 1촌 LPG 트럭도 양산형으로 출시되어야 합니다. 실질적이고 일선에 맞는 친환경 정책이 이어지기를 바랍니다.

잘못된 실선표지 정책

약 3개월 전 도로 중과실 12대 사안 외에 지시사항 위반이라는 항목과 흰색 실선구간 차로변경 사고 항목이 슬쩍 추가되었습니다. 대부분의 국민은 모르고 있으나 가장 큰 문제는 실선구간 차로변경의 포함은 모든 국민을 전과자로 만들 수 있는 최악의 항목이라는 것입니다.

일반 운전자가 알고 있는 도로 흰색 실선은 점선보다는 되도록 자기 차선을 유지하고 조심하라는 뜻을 가지고 있습니다. 사고가 발생하면 자신에게 책임이 더 클 수 있다는 뜻도 가지고 있습니다. 물론 민사상이죠.

그러나 현재 도로 흰색 실선 표시는 주로 터널이나 교량 등에 표시되어 있고 길이 등에 대해서는 특별한 기준이 없이 도로 상황에 따라 긋다 보니 주먹구구식으로 그려져 잘못된 부분이 많고 지워지거나 흐린 부분도 많은 상황입니다. 이 상황에서 중과실 항목 포함은 단순한 민사상의 처리문제를 형사문제로 키운다고 할 수 있습니다. 일선의 잘못된 흰색 실선의 현 상황과 달리 사고가 발생하면 졸지에 형사처벌로 인하여 심각한 벌금 전과자로 남는다는 것입니다.

여기에 보험사기범이 마음만 먹으면 이러한 형사적인 부담을 악용하여 합법적으로 활용할 수 있는 기회가 보장된다는 것입니다. 공청회 등 국민 모두가 인지하고 수정할 수 있는 기회가 없이 슬쩍 포함된 악법이라 할 수 있습니다. 국민 모두를 잠재적인 전과자로 만드는 흰색 실선구간의 차로변경 사고는 중과실 대상에서 꼭 지워져야 합니다.

전기차 충전기 관리

최근 화두의 하나는 전기차입니다. 올해 공급된 전기차는 약 28,000대 정도이고 내년은 4만대까지 가능하다고 판단되고 있습니다. 보조금 책정으로 공급에 한계가 있으나 인기는 몇 배가 높아서 서두르지 않으면 구입이 불가능할 정도입니다.

그동안 단점으로 작용하던 충전기 수, 일충전 거리나 충전시간 등이 많이 해결되면서 더욱 인기를 끌고 있습니다. 그러나 충전기는 많이 설치되고 있으나 문제는 지붕이 없어서 비가 오면 비를 맞는 상태로 충전을 하거나 햇볕이 내리쬐면 LED 충전상태 표시기가 보이지 않는다는 것입니다. 불편함은 이루 말할 수 없는 상태이죠.

특히 비가 오는 상태에서 충전 손잡이 등이 젖어있고 충전을 하면 안전에 걱정이 없다고 하고 있으나 분명 위험의 가능성이 높아지면서 감전의 가능성이 커집니다. 이미 충전기 폭발 등 여러 번의 문제도 늘어나고 있습니다. 현재 지붕이 있는 충전기는 거의 없는 상태입니다. 지금이라도 모든 충전기의 지붕을 씌우고 관리해야 합니다.

특히 고장 난 충전기는 얼리어댑터를 안티로 바꾸는 심각한 문제를 안게 됩니다. 일본은 설치된 충전기 수만 기 중 한 대의 충전기 고장도 없는 상태입니다. 미리 충전기 관리 예산을 편성하여 철저하게 민관 구분 없이 관리하기 때문이죠.

　우리도 이제는 질적인 관리 측면에서 별도의 충전기 관리예선을 확보하여 고장 난 충전기가 없도록 철저히 관리하여야 하고 지붕도 씌워서 일선의 안전 확보와 불편함을 해소해야 합니다. 이제 질적인 관리가 중요해지고 있습니다.

자동차 소화기와 비상망치 의무화

얼마 전 국민권익위원회에서 빠른 기간 내에 4인승 이상의 자동차에 소화기 설치를 의무화 하기로 하였습니다. 향후 세부적인 방법이나 적용기준이 나오면 신차는 물론이고 기존의 차량에도 소화기가 설치되어야 합니다. 그 만큼 연간 자동차 화재는 약 5천 정도로 생명을 잃는 경우도 종종 있기 때문이고 재산상의 손실도 크다는 뜻입니다.

현재 우리는 거의 모든 승용차에서 소화기를 보기가 어렵습니다. 당연히 사용방법이나 안전조치도 잘 모릅니다. 가르쳐 준 경우가 없기 때문이고 배운 적도 없습니다. 자동차 안전의 기본적인 방법도 없는 상태라 할 수 있습니다. 앞으로 소화기 의무화와 하게 교육도 중요한 이유입니다.

더불어 유리 깨는 비상망치도 의무화했으면 좋겠습니다. 버스는 물론 일반 자동차도 화재가 발생하거나 차량이 호수 등 물에 빠지면 골든타임은 매우 짧습니다. 그 사이에 문이 열리지 않으면 유리를 깨야 하는데 비상망치가 없으면 생명을 보장하기가 어렵다는 것입니다. 비상망치 뒤에는 칼날이나 가위가 붙어 있어서 혹시 꼬인 안전띠를 끊고 유리를 깨고 탈출하는 장비입니다. 거의 영구적으로 사용할 수 있고 비용도 몇 천 원이면 구매가 가능합니다. 당연히 운전석 주변에 놓아서 비상시 바로 사용할 수 있어야 합니다.

의무화 장비는 귀찮다고 생각하지 말고 옆에 두면 한순간 생명을 구할 수 있습니다. 물론 다른 차량에도 도움을 줄 수 있습니다. 차량용 비상망치 의무화에 대한 움직임이 가속화되기를 바랍니다.

모든 좌석에 안전띠 착용 의무화

지난 12월 1일부터 자동차 전 좌석 안전띠 착용 단속이 시작되었습니다. 이제는 모든 도로에 자동차를 가지고 나오면 탑승자 모두는 안전띠를 착용해야 합니다. 자가용, 택시, 고속버스는 물론 광역버스도 해당됩니다. 물론 논란이 되었던 영·유아용 카시트 장착은 고민하고 있습니다.

자가용은 해당되겠지만 택시나 버스 등은 예외입니다. 그러나 향후 선진 해외와 같이 콜택시 등이나 일부 고급 택시를 중심으로 예약할 경우 장착할 수 있는 방안이 요구됩니다.

그만큼 전 좌석 안전띠 착용은 목숨을 담보로 하고 있다는 측면에서 더욱 생명 띠라고 할 수 있습니다. 더욱이 뒷좌석은 앞쪽보다 더욱 위험합니다. 5배 차이가 날 정도로 사상자가 급격하게 늘어날 수 있습니다.

안전띠 착용 시 느슨하게 고정시키는 집게 등을 사용하거나 골반 부위가 아닌 윗배 등에 안전띠가 꼬여 있으면 더욱 위험합니다. 아이들이 안전띠를 매지 않으려고 하면 아예 태우지 않는 과감함을 부모는 보여주어야 합니다. 특히 초등학교 저학년은 카시트는 앉을 수 없고 일반 안전띠도 목으로 내려와 위험합니다. 그래서 좌석을 높이는 부스터 방석을 깔고 안전띠를 매야 합니다.

아이들의 안전은 어른들의 몫인 만큼 문제가 초기부터 발생하지 않도록 집중하고 조기 안전조치가 꼭 필요합니다. 향후 습관화된 안전띠 전 좌석 착용으로 한명의 생명이라도 더 구할 수 있는 선진형 교통안전문화가 정착되기를 바랍니다.

반드시 고쳐야 할 못된 운전습관

우리는 아직도 도로에서의 운전이 험한 편입니다. 이른바 3급急 운전인 급출발, 급가속, 급정지가 몸에 배어 있습니다. 특히 공로상에서의 운전 습관 중 나쁜 버릇도 많아서 다른 운전자를 위협하고 있고 사고를 유발시키기도 합니다.

양보를 받으면서 당연하다고 생각하고 비상등 하나 켜지 않는 운전자도 있고 초록불이 바뀌었는데도 불구하고 휴대폰을 보느라 한참동안 정지하고 있는 운전자도 있습니다. 지정차로를 지키지 않는 운전자도 있고 너무 위험하게 큰 차 뒤를 바짝 붙어서 운전하는 위험한 경우도 많습니다.

사거리에서 뻔히 알면서 꼬리 물기를 습관적으로 하는 운전자도 있고 아직도 담배꽁초를 창문 밖으로 버리는 후진국형 운전자도 있습니다. 방향 지시등을 켜지 않고 차로를 변경하거나 좌우회전 하는 운전자가 전체의 70%를 넘고 있고 최근 늘고 있는 회전교차로에서의 운전방법도 모르는 운전자가 태반입니다.

주차선을 걸쳐서 주차하는 운전자도 많고 이중 주차를 하면서 연락처 하나 남기지 않고 사이드브레이크를 채우고 사라진 운전자도 종종 있습니다. 그리고 늦게 와서 큰소리를 내는 황당한 운전자도 있습니다.

1차선을 느리게 계속 운전하는 초보 운전자도 있고 스쿨존에서 아이들 등교를 해준다면서 습관적으로 주정차하는 운전자도 많습니다. 이루 말할 수 없을 정도로 위험하고 황당하고 창피한 운전방법이 즐비합니다.

　어느 하나라도 소홀히 말고 선진국형 안전운전과 양보운전이 필요한 시기입니다. 나부터 하나씩 챙기면서 운전을 개선하는 자세가 중요합니다.

안전거리

한해를 마무리하면서

어느 덧 한해가 가고 있습니다. 오늘을 포함하여 단 이틀이 남았지만 올 한해의 전체적인 부분을 정리하는 것도 필요할 것이고 힘찬 내년을 기약하는 것도 좋을 것입니다.

올 한해는 사회적으로 충격을 주는 사안이 많았던 한해라고 판단됩니다. 특히 경제적으로 어려움이 가중되어 고민은 더욱 많아지고 있고 내년에 해결하여야 할 과제도 많아서 더욱 굳건한 마음가짐이 중요한 시기입니다.

더욱이 자동차 분야는 앞서 언급한 바와 같이 다양한 변화가 있었습니다. 큰 충격을 주어 사회적 후유증이 컸던 사안도 있었고 소비자 문화측면에서 선진형 제도가 시작되는 뜻깊은 원년이기도 합니다.

앞으로 더욱 이 변화는 빨라질 것입니다. 미래는 전기차 등 친환경차와 자율주행차를 얘기하고 있습니다. 과거의 10년보다 앞으로의 1년이 빠르게 변모하고 있습니다. 이제는 그 변화를 거부하기보다는 즐기고 능동적으로 대처하는 융합적 사고가 필요한 시기입니다.

다가오는 내년을 잘 설계하고 뜻깊은 한 해가 될 수 있는 계획으로 보람되고 뜻깊은 한 해가 되기를 바랍니다. 저희 교통시대를 사랑해주신 애청자 여러분께 감사의 말씀을 드리면서 새해 복 많이 받으시기 바랍니다.

VEHICLE
TRAFFIC

60초 쓴소리

2019년

올 초 시작은 에코드라이브부터

올 기해년 한 해가 밝았습니다. 작년은 좋은 일보다 사회적 경종을 울린 일들이 많았던 한해일 정도로 고민도 많았던 한해입니다. 올해는 무엇보다도 안전에 대한 경각심이 더욱 높아졌으면 합니다.

이 중에서도 자동차 안전은 무엇보다도 중요하다고 할 수 있습니다. 연간 4천명 이상이 사망하는 OECD국가의 3배에 이르는 후진형 시스템이기 때문입니다. 최근 자율주행 기술 및 각종 능동식 안전시스템이 탑재되어 점차 안전이 개선되고 있지만 무엇보다 자동차를 운전하는 것은 어디까지나 운전자이기 때문입니다.

우리는 아직 3급急 운전, 즉 급출발, 급가속, 급정지가 몸에 배어 있습니다. 지난 2008년 도입된 친환경 경제운전인 에코드라이브를 잃어버리고 다시 3급 운전을 하고 있습니다. 여유 있는 한 템포 느린 운전을 하면 에너지 절감은 물론 이산화탄소 같은 유해배출가스 감소도 얻을 수 있고 심지어 양보 운전으로 교통사고도 감소하는 1석 3조의 효과가 있습니다.

에코드라이브는 어렵지 않습니다. 트렁크를 비워 가볍게 하고 타이어 공기압을 유지하며, 신호등 앞에서 중립 모드로 있으며, 공회전을 줄이고 관성운전인 퓨얼 컷 운전도 좋습니다. 그리 특수하고 어려운 전문 운전이 아니라 누구나 자신의 스타일에 맞추어 실천을 할 수 있는 내용이 모두라 할 수 있습니다. 특히 우리나라에 가장 안성맞춤이라 할 수 있는 운동이라 할 수 있습니다.

잘 실천하면 30% 정도의 연료는 충분이 절약할 수 있습니다. 올해 자동차 운전은 에코드라이브입니다. 구시대적 운동이 아니라 가장 효과도 좋고 확실한 미래형 운동입니다. 연초부터 하나하나 실천해 보시기 바랍니다.

한국형 레몬법을 활성화

    신차 교환 환불 프로그램인 한국형 레몬법이 현재 시행되고 있습니다. 올해 초부터 시행한다고 하였지만 철저한 준비가 미흡하여 초기부터 혼란도 많고 개점휴업 상태가 이어지고 있습니다.

    미국의 자동차 레몬법이 제대로 시행되는 이유는 천문학적인 징벌적 배상제와 자동차 결함을 메이커가 입증해야 하고 같은 사안의 문제가 복수로 자동차에 발생하면 공공기관이 나서서 조사에 들어가다 보니 메이커가 앞장서서 조치하기 때문입니다.

    그러나 우리는 이러한 배경이 전혀 없다 보니 형식상 따온 레몬법이 겉핥기식으로 겉도는 이유입니다. 여기에 일반 하자와 중대한 하자의 판별 등 위원회가 쉽게 접근할 수 있는 내용도 아닙니다. 여기에 일선에서는 계약서에 명기하지 않으면 해당되지 않는다고 아예 레몬법 자체를 인정하지 않습니다. 이러한 상태에서 정부의 관련 법 시행은 불가능하다는 것이다. 정리도 되지 않고 혼선만 있으며, 신뢰성은 떨어지고 있습니다.

    우리나라는 자동차 분야에서 소비자의 목소리가 가장 약한 국가 중의 하나입니다. 제대로 된 대접을 못 받고 있다는 뜻이죠. 정부에서도 하려면 준비도 철저히 하고 국민이 신뢰할 수 있는 제도를 만들어야 할 것입니다. 지금이라도 하루속히 정리해야 합니다. 의미 없는 법은 혼란만 가중시킵니다. 하려면 제대로 해야 합니다.

뒷좌석도 안전띠를 매야한다

작년 12월 1일부터 모든 차량의 뒷좌석 안전띠 매기가 의무화되어 단속에 들어갔습니다. 현 시점에서 보면 어떨까요?

택시는 거의 매지 않고 있습니다. 일반 자동차도 마찬가지이죠. 잃어먹기도 하지만 대부분 귀찮아하기 때문입니다. 택시는 안내방송만 나오면 손님이 매지 않아도 단속은 해당되지 않기 때문입니다. 당연히 자가용 등은 의무입니다. 영·유아용 카시트 장착도 의무이죠. 단속을 하여도 말은 많습니다. 뒷좌석이어서 잘 보이지도 않고 다툼이 있기 마련이죠. 가장 중요한 것은 뒷좌석 안전띠를 매지 않았을 경우 사고 발생 시 치명적이라는 것입니다. 앞좌석도 그렇지만 뒷좌석은 앞으로 쏠리면서 앞사람과 충돌을 하고 심지어 앞 유리를 뚫고 사망할 수도 있습니다.

단속이 중요한 것이 아니라 자신의 생명을 유지한다는 측면에서 뒷좌석도 당연히 생명띠라는 것입니다. 자신의 생명은 자신이 지키라는 뜻입니다. 유럽은 뒷좌석도 90% 이상이 장착을 하고 있습니다. 한 가지 좋은 방법은 앞좌석에 최근 안전띠 장착을 하지 않았을 경우 경고음이 계속 들리는 것을 알 것입니다.

마찬가지로 유럽에서는 뒷좌석도 똑같은 미장착 경고음 장치를 넣는 것입니다. 택시도 장착하면 시끄러워서라도 꼭 안전띠를 맬 것입니다. 유럽은 안전을 위하여 매기도 하지만 뒷좌석에도 경고음 장치가 있기 때문입니다.

이전에 뒷좌석 안전띠 장착을 습관화시켜야 할 것입니다. 항상 말씀드리는 바와 같이 우리는 OECD국가 평균의 3배 이상의 연간 사망자수 4천명 이상을 보유한 후진 교통국가라는 것을 명심하였으면 합니다.

유럽을 배우자

우리의 자동차 문화는 산업에 치중하다보니 세계에서 가장 빠른 선진국 수준의 자동차 기술을 보유하였으나 상대적으로 문화적 안정은 아직도 개선해야 할 부분이 많다고 할 수 있습니다. 아직 큰 차를 선호하고 사회적 지위를 생각하고 더 안전하다고 생각하고 있습니다. 특히 재산의 한 가치라 생각하고 나의 만족도보다 남이 어떻게 볼까 걱정하기도 합니다.

상대적으로 우리는 유럽을 배울 필요가 있습니다. 안전과 연비는 물론이고 환경적인 부분까지 고려한 자동차 문화를 지니고 있다는 것입니다. 우선 경차의 비율이 약 50%에 이르고 이탈리아는 60%에 이릅니다. 우리는 7~8% 수준이죠. 일본의 경우도 약 37%에 이릅니다. 실용적인 부분을 철저히 이행한다는 것입니다. 그 만큼 연비도 좋고 환경적 이점도 크다고 할 수 있습니다.

비용이나 주차 비용 등 장점은 이루 말할 수 없습니다. 또한, 수동변속기 차량이 50%에 이릅니다. 비용도 저렴하고 고장도 없으며, 자동변속기 차량보다 연비는 20% 이상 높습니다. 굳이 자동변속기가 필요하면 선택사양이라 할 수 있습니다.

우리는 아예 수동변속기 자체가 없고 의무적으로 경차에서부터 모두 자동변속기가 장착되어 있습니다. 공회전제한장치인 ISG도 유럽차는 모두 장착되어 있습니다.

신호등 앞에서 차량이 정지하면 자동적으로 시동이 꺼지고 브레이크 페달에서 발을 떼면 시동이 켜지는 시스템입니다.

공회전으로 인한 에너지 낭비를 줄이자는 자정적 취지입니다. 굳이 이것이 싫으면 운전석에 있는 스위치를 눌러 시동이 꺼지는 현상을 방지할 수 있습니다. 우리는 아예 이러한 에너지 절약형 장치가 없습니다. 이외에도 에코드라이브 운동 정착 등 우리가 배워야 할 부분이 상당히 많습니다. 곰곰이 우리와 비교해야 할 것입니다.

고령자 운전의 묘책

고령자 운전으로 인한 교통사고가 심각해지고 있습니다. 지난번에는 96세 운전자가 운전 실수로 유망한 젊은이를 사망케 하는 사고가 있었습니다. 문제는 이러한 65세 이상의 운전자가 내는 교통사고가 급증하고 있다는 것입니다.

지금이야 60세 정도면 아직은 젊은이에 못지않은 체력과 정신력을 보유하고 있으나 75세 이상이 되면 자연스럽게 기기 조작이나 판단능력이 문제가 발생합니다.

그래서 일본 등 선진국은 다양한 규제를 두고 있습니다. 치매 등이 포함된 적성검사 기간을 짧게 줄이고 운전면허 반납제 등을 시행하고 있습니다. 이때 대중교통비 절감 등 다양한 인센티브도 함께 제공합니다.

우리도 올해부터 시행을 하기 시작했습니다. 그러나 이 정도로는 부족합니다. 우리는 일본 등과 달리 3급急 운전, 즉 급출발, 급가속, 급정지가 몸에 배어 있고 누구보다 집착이나 자신에 대한 능력을 믿고 있는 부분이 남다릅니다. 무리한다는 것입니다. 여기에 운전은 고령자가 일자리를 통하여 활용할 수 있는 큰 부분이어서 강제적으로 운전을 못하게 할 수는 없습니다.

운전이 서툴거나 예전과 다르면 본인의 자각은 물론 가족이 설득하고 정부는 제도적으로 확인하는 철저한 절차가 필요합니다.

여기에 비상자동제동장치 등 첨단장치의 의무화를 통하여 문제 발생 시 최소한 비상정지를 통하여 보행자 등의 생명을 보호할 수 있는 장치가 필요합니다. 일반 보행자 등의 생명은 모두가 중요함을 다시 한번 강조하고 싶고 이를 보호할 책임도 우리에게 있습니다.

자율주행기술

최근 자율주행 기술이 가장 주목받고 있습니다. 운전자와 관계없이 목적지까지 안전하고 빠르게 이동시켜주는 완벽한 미래형 주행기술입니다. 자율주행기술은 레벨 0부터 레벨 5까지 6단계가 있습니다. 레벨0은 완전히 사람이 하는 운전이고 현재는 레벨2로 이 중 ADAS시스템이라고 하여 손을 운전대에서 놓고 간단한 행위를 할 수 있는 수준입니다.

올해부터는 레벨2가 출시되어 한산한 고속도로 등에서 운전대를 놓고 잠시 운전할 정도가 됩니다. 물론 보험 등은 없어서 사고 발생 시 모든 책임은 운전자 책임입니다. 아직 전방주시를 해야 하고 운전대에서 손을 놓으면 안 되는 법적 조항이 있습니다. 그만큼 자율주행기술이 완전치 못하다는 것이고 너무 믿지 말라는 것이죠. 특히 설치된 센서 등은 종류도 많고 설치 개수도 수십 개이지만 먼지가 많이 나는 오프로드나 폭우나 폭설은 물론 상황에 따라 착오를 일으킬 수 있다는 것입니다. 그래서 미국 등에서는 자율주행기능을 이용하다가 사망한 경우도 발생했습니다. 아마도 자율주행의 본격 시작이라는 레벨4 정도는 향후 5년 정도가 더 필요합니다. 미래의 먹거리 중의 하나가 바로 자율주행차인 만큼 선진국 대비 약 3~4년 뒤져있는 국내 기술을 하루속히 선진국 수준으로 끌어올릴 수 있는 원천기술 확보가 중요한 시기입니다. 미래를 주목하고 있지만 아직은 '내가 나를 못 믿는데 내가 너를 어떻게 믿느냐'라는 의식을 갖는 것이 아직은 올바른 시기입니다.

미세먼지는 소리 없는 살인자?

　미세먼지 문제로 국민적 스트레스가 심각합니다. 따뜻하고 맑은 날 외출을 하지 못한다는 것도 그렇지만 여러 날 연속적으로 제약을 받는다면 더욱 심각하다는 것입니다.

　여러 해 정부에서 대책을 세운다고 했지만 아직은 주목구구식이라는 것이죠. 원인부터 정확해야 하고 정책적 시행을 하기 전에 국민적 공감대와 이해를 구해야 합니다. 그래야 국민이 솔선수범해서 움직인다는 것이죠.

　미세먼지 원인은 약 50% 이상이 중국발이고 석탄화력 등 기간산업의 문제와 자동차와 생활 미세먼지 등 다양합니다. 물론 장소, 시간, 계절별로 다르므로 이를 체계적으로 다룰 맞춤전문의 대책이 필요합니다. 역시 컨트롤타워나 코디네이터라고 할 수 있는 총괄적 조정자 역할도 필요합니다.

　중국이 정확한 원인이 부족하다고 하면서 계속 발뺌을 하는 만큼 더욱 체계적이고 국제적 공감대를 가질 수 있는 데이터와 설득과 함께 확실한 압박도 고민해야 합니다.

　동시에 우리도 열심히 자체적인 원인 제거에 나서야 합니다. 특히 최근에 전체적인 원인 중 약 10~20% 정도인 자동차를 몰아가면서 디젤차의 마녀사냥식 규제는 그리 좋아 보이지 않습니다. 도리어 석탄화력 발전소 등을 없애고 탈원전 정책을 지양하고 약원전 정책으로 탈바꿈할 수 있는

동기부여도 될 수 있습니다.

　잘못된 정책이나 문제점은 솔직히 국민에게 사과하고 공감대를 구하는 노력도 필요한 시점입니다. 이대로 그냥 갈수는 없을 정도로 미세먼지 문제는 더욱 심각해지고 있습니다.

LPG차량의 해방

얼마 전 37년 만에 LPG차량 판매가 모두 허용되었습니다. 최근 미세먼지 문제가 심각해지면서 과도기적 모델로 LPG차량이 역할을 할 수 있다는 판단 하에 전면적으로 허용되었다고 할 수 있습니다. 초기에 남아있는 잉여 LPG사용과 낮은 세금을 기준으로 일부 차량의 LPG화가 허용되었고 특히 렌트카, 장애인, 국가유공자 등에 한시적으로 허용되었습니다. 그 동안 다양하게 일반 국민들에게 허용을 요청하였으나 빈번히 관련 기관과의 이해관계 및 수급조정 문제로 불허하다가 이제야 허용이 된 상황입니다.

분명히 미세먼지 저감에 기여하는 것은 물론이고 특히 1t 트럭의 경우 노후화된 경우 트럭이 많아서 택배나 생계형이 많이 이용되는 만큼 대체 효과는 클 것으로 판단됩니다. 여기에 다양성과 국민의 이용권 측면에서도 의미가 클 것입니다. LPG 가격은 낮은 대신 연비는 떨어지나 전체적인 가성비는 이점이 매우 크다고 할 수 있습니다.

겨울철 시동불발 등의 불편한 문제는 최근의 직접분사식 엔진 등 세계 최고의 기술로 대부분 해결되었다고 할 수 있습니다. 앞으로의 과제는 국내 메이커가 더욱 다양한 LPG차량을 출시하는 것입니다. 메이커가 이득이 적어도 생계형 보급이나 메이커는 국민기업이라는 측면에서 더욱 다양하고 효율적인 LPG차량이 출시되길 바랍니다. 법은 열려도 차량이 없으면 개점휴업인 만큼 앞으로의 실질적인 실천이 중요한 시점입니다.

수입차를 법인으로 등록한다?

국내 시장에서 수입차의 위상이 더욱 높아지고 있습니다. 이제 거의 20% 점유율에 이를 정도로 높아지고 있고 소비자의 거부감도 모두 사라져 가성비 좋은 차량이 있으면 구입하는 냉정한 특성으로 변하였다고 할 수 있습니다. 중저가 수입모델이 늘면서 가격은 저렴하면서도 각종 할부 정책 등으로 인한 문턱 낮추기로 수입차 구입은 더욱 수월해졌다고 봅니다. 최근의 한 경향은 최고가 수입차가 많이 늘었다는 것입니다. 전 세계 선진국 중에서 이러한 고급 수입차 모델의 증가는 남다르다 할 수 있습니다. 문제는 이러한 차종의 대부분은 법인차라는 것입니다. 법인차로 등록하고 개인의 출퇴근용은 물론 가족 등이 함께 사용하는 경우가 대부분이라는 것이죠.

개인이 구입하는 경우보다 법인으로 등록하면 세금 공제 등 다양한 혜택을 누릴 수 있는 만큼 일종의 편법이라 할 수 있습니다.

이미 약 5년 전 이 문제가 부각되면서 선진국 수준으로 강화한다고 하였으나 로비 등이 있어서인지 국회에서 스리슬쩍 강조만 하고 예전 그대로 진행되고 있습니다.

최고가最高價 스포츠 모델 등 업무용으로 사용할 수 없는 차종은 당연히 법인용으로 구입하면 안 됩니다. 국내에서는 현재 100% 수준으로 이러한 최고급 수입 세단 등을 법인차로 등록하는 상황입니다. 정부도 손을 놓고 함께 즐긴다고 할까요?

미국은 사용일지 현황이나 임직원 보험 등록은 물론 출퇴근용으로 사용 못하게 만드는 등 엄격하게 관리하고 있습니다. 아예 최고급 모델은 법인용으로 필요가 없다고 할 수 있죠. 싱가포르는 아예 법인차 등록을 못하게 하고 있습니다. 선진국에서는 인정하지 않는다는 것이죠. 이제 우리도 눈 가리고 아웅 하는 행위는 멈추고 선진형으로 바뀌어야 합니다. 정부의 빠르고 엄격한 대책을 촉구합니다.

2019.4.14

카셰어링의 허점과 비상망치의 중요성

최근 강원도 해변도로에서 19살인 5명의 청소년이 빌린 차량이 바닷가 절벽으로 떨어지면서 모두 사망하는 사고가 다시 발생하였습니다.

역시 비대면非對面으로 차량을 빌리는 카 쉐어링의 한계를 나타낸 또 한 번의 인재라 할 수 있죠. 선배의 패스워드와 신용카드를 악용한 만큼 누구도 확인하지 못한 문제점이 다시 한번 노출되었습니다. 문제가 발생할 때마다 떠들고 난리를 펴고 있지만 실질적인 조치에는 한계가 크다고 봅니다. 위법에 대한 벌칙 조항 강화를 언급하고 있으나 비대면의 장점을 해치지 않고 문제점을 거를 수 있는 혜안이 필요한 시점입니다.

지문 인식을 활용하거나 선진국과 같이 개인도용에 대한 철저한 방어적 수단과 어릴 때부터 윤리적인 교육과 반복된 세뇌 교육도 중요한 수단이라 할 수 있습니다.

법적인 준비는 항상 사각지대를 노리는 한계성의 문제가 있는 만큼 틈새를 반복 교육 등과 문화적 선진 시스템으로 세팅하는 선진국형 모델이 필요하다고 할 수 있습니다.

동시에 이번 사건에서 필자가 항상 강조하던 유리 깨는 비상망치 등을 미리 준비하여 운용했다면 한두 명은 살아나올 수 있지 않을까 하는 생각을 해 봅니다. 우리는 모든 차량에 비상망치와 소화기 등을 준비하고 있는 경우는 거의 없다고 할 수 있죠.

일생에 한번 있을까 말까 하는 사고지만 간단한 영구형 용품만으로 목숨을 구할 수 있다는 사실을 직시하고 미리부터 준비를 하였으면 합니다.

정부나 지자체도 기본적인 비상 용구를 의무적으로 준비하여 OECD국가 대비 사망자가 3배 높은 악명을 벗어날 수 있는 기회가 되기를 바랍니다.

보행자 신호 시 운전자 가늠용 신호등 부착 요망

예전에 비하여 교통안전을 위한 교통 인프라가 선진형으로 많이 설치되고 관리되고 있습니다. 동시에 자동차 안전운전과 세부적인 규정도 동시에 많이 개선되었습니다. 그러나 그 많은 노력에도 불구하고 10만명 당 교통사고 사망자 수는 OECD국가 평균에 비하여 3배에 이릅니다. 재작년 지속적으로 4천명 수준이었으나 작년 3,700명으로 3천명 대로 줄이는데 성공하였으나 아직도 심각한 수준입니다.

아직 3급 운전, 즉 급출발, 급가속, 급정지가 많고 앞뒤 차의 간격도 좁으며, 보복이나 난폭운전도 아직 많습니다. 벌칙 조항으로는 한계가 있습니다. 어릴 때부터 교통안전교육과 상대방에 대한 배려 등 양보교육도 지속적으로 이루어져야 합니다.

동시에 유명무실한 운전면허제도도 선진국 수준으로 올려야 합니다. 특히 사거리에서의 사고가 가장 높은 만큼 필수적으로 설치하여야 하는 교통인프라가 있습니다.

바로 횡단보도에서 보행자가 통행할 수 있는 초록불이 들어왔을 때 운전자가 이 상태를 확인하기가 어렵다는 것입니다. 잘 보이지도 않는 보행자용 신호를 보아야 하는 경우가 많습니다. 모르고 지나가다가 접촉사고로 이어지는 경우가 너무나 많습니다.

그래서 보행자용 신호등 아래에 운전자가 우회전 등을 안전하게 할 수 있는 간단한 통행 신호등을 설치하는 것입니다.

　당연히 보행자가 지나갈 때는 붉은 신호등으로 바뀌어 운전자는 눈치를 볼 필요가 없습니다. 완전히 신호가 바뀔 때까지 정지할 수 있습니다. 주변에 간혹 설치되어 있는 장소도 있는데 효과가 좋습니다. 당연히 전국적으로 모든 것에 설치해야 합니다.

　우선 스쿨존 내의 모든 신호등에 설치하면 어떨까요? 적극적인 검토가 필요합니다.

운전면허 제도, 이래선 안된다!

자동차 운전면허는 공식적으로 공로상에서 처음으로 자동차를 운행할수 있는 허가증입니다. 다시 말하면 다른 사람의 생명을 담보로 한다는 측면에서 다른 규제가 아니라 강화하면 할수록 유익한 제도라 할 수 있습니다.

그래서 호주나 독일 등 선진국은 정식 운전면허 취득 때까지 2~3년이 소요될 정도로 강화하고 있습니다. 이웃 중국이나 일본의 경우도 50시간이 넘는 교육시간과 기간을 두고 적지 않은 비용을 부담시키면서까지 중요하게 여길 정도입니다.

이 시작점이 나중 교통사고나 사망자를 줄이는 중요한 역할을 하고 당연히 다른 사람의 생명을 살리는 가 죽이는 가를 가늠하기 때문입니다.

반면에 우리는 약 10년 전 대통령 대국민 간담회에서 운전면허 간소화 발표 이후 졸지에 11시간으로 줄이면서 문제가 심각해졌다 할 수 있습니다. 이후 2시간을 늘려 13시간이 되었지만 역시 세계에서 가장 낮은 수준의 운전면허제도를 가지고 있습니다.

중국도 우리나라에 관광성 단기비자로 입국하여 우리 운전면허를 취득하는 사례에 대한 우려를 공문으로 발송할 정도입니다. 심각성은 말할 필요가 없습니다. 면허를 따도 길거리에 나올 수 없는 수준이고 역시 사고도 심각합니다.

　필자도 자문을 하면서 수백 번 이상 중요성을 언급하고 다른 선진 국가 벤치마킹을 언급하고 있으나 요지부동입니다. 방법은 있습니다. 해당 기관에 의존하지 말고 대통령께서 다시 한 번 강화를 언급하는 것입니다. 다른 사람의 생명을 담보로 하는 살인면허증이라는 생각을 가지고 운전면허제도의 강화를 요청합니다.

2019.5.5

전기차의 질적인 인프라 구축이 시급하다

전기차 보급이 점차 커지고 있습니다. 그 만큼 전기차의 단점이 많이 사라지면서 더욱 많은 종류가 판매되기 시작하였고 일반인의 관심도 크게 늘었습니다. 올해도 약 4만 4천대이지만 추경예산 등을 고려하면 5만대 보급은 충분히 가능하리라 보고 있습니다. 빠르면 올해 말에 누적대수 10만대 이상으로 커질 가능성도 높아지고 있습니다. 전기차 보급은 물론 충전기수도 크게 늘고 있습니다.

문제는 이제부터 양적인 팽창과 함께 질적인 관리가 크게 중요해지고 있습니다. 충전 타입도 3가지 종류가 있고 자신에게 맞는 충전기가 어디에 있는지, 누가 사용하고 있는지 또는 고장이 났는지 제대로 알아야 하는 전기차 전용 내비게이션도 필요하고 도심지 아파트에 거주하는 집단거주자가 70%에 이르는 만큼 공용 주차장에서의 충전을 위한 이동용 충전기 등 해결방법도 편하게 마련되어야 합니다. 무엇보다 질적인 충전기 관리를 통하여 고장 난 충전기가 없어야 합니다.

그래서 일본과 같이 중앙정부에서 충전기 관리예산을 별도로 마련하여 민관 구분 없이 지원하는 제도도 필연적입니다. 일본은 수 만기의 충전기가 어느 한기가 고장 난 경우가 없을 정도로 완벽합니다. 전기차 매니아도 여러 번 충전기가 고장 등이 있으면 안티로 변할 수 있는 요소도 큽니다.

현재 전국적으로 약 10%의 충전기가 고장 나 있다고 언급합니다. 수리하는 것은 물론 충전기 지붕도 씌워야 합니다. 전체의 97%가 지붕이 없어서 눈비 상태에서 젖은 손으로 충전을 하고 있는 상황입니다. 더불어 햇빛이 강하면 LCD표시판의 글씨가 보이지 않아 애로사항도 크게 발생합니다. 지붕을 씌우면 내구성이나 편리성은 물론 감전으로 인한 사고 등 큰일을 미리 방지할 수 있습니다.

서둘러 질적인 관리를 촉구합니다.

잠을 부르는 5월의 졸음운전

5월이 되어 나들이가 많아졌습니다. 사람이나 차량 모두가 나오다보니 주말에도 무척 길이 막히고 있습니다. 교통체증도 즐기면서 여유 있는 자세가 매우 중요한 시기입니다.

이 때 가장 조심해야 할 사항이 바로 졸음운전입니다. 점심을 하고 오후가 되면 졸음이 쏟아지기 시작합니다. 아시다시피 졸음 운전은 대처를 못하다 보니 사망률이 90%에 이릅니다. 따라서 운전을 할 때 가장 큰 적이죠.

대안은 휴게소나 졸음쉼터에서 쉬는 것입니다. 약간이라도 쪽잠을 자면 다시 출발할 때 개운하죠. 그리고 옆자리에 앉은 배우자 등이 항상 운전자를 감시하고 먹을 것도 주고 말을 시키는 것입니다. 장거리의 경우 서로 교대하면서 운전을 하면 피곤하지 않고 즐겁게 운전할 수 있습니다.

또한 봄꽃으로 주변 경관이 좋다보니 운전자가 한눈을 파는 경우도 많아서 위험합니다. 경관이 너무 좋으면 안전한 곳에 주차를 하고 내려서 감상하고 사진도 찍고 서서히 다시 출발하는 여유도 좋습니다. 특히 여유 운전과 배려운전 및 양보운전이 필요합니다.

모든 가족을 태우고 안전을 책임지는 가장의 역할은 아무리 강조해도 지나치지 않을 것입니다. 오늘부터라도 5분 일찍 출발하여 여유 있게 운전하는 모습을 기대합니다. 이것이 바로 친환경 경제운전인 에코드라이브의 첫걸음입니다.

경차를 보기 힘들어요

경차가 사라지고 있습니다. 국내에서 판매되는 경차는 단 3가지이죠. 점유율은 더욱 줄어들어 한 자리 숫자도 더욱 내려가고 있습니다. 약 6% 수준. 경차 신차도 점차 나오지 않고 있습니다.

물론 경차 우대 정책은 최고 수준이나 예전 그대로여서 변화를 소비자가 느끼지 못하고 있습니다. 정부도 이제는 경차 활성화는 포기 상태이고 메이커도 수익이 적다보니 관심이 없습니다. 연비는 도리어 준중형차보다 낮은 경우도 많습니다. 유럽의 '가벼울' 경차輕車가 아니라 '존중하는' 경차敬車가 되어 가격도 매우 높을 정도로 옵션이 많습니다. 자동변속기에 모든 옵션이 포함되어 무거워지다보니 연비도 떨어지고 가격도 높아집니다.

우리는 에너지의 약 97%를 수입하고 있으나 1인당 에너지 소비증가율은 세계 최고 수준입니다. 큰 차와 고급차를 지향하고 에코드라이브 등 에너지 절약 운동은 거의 없다고 할 수 있습니다. 일본은 약 37%가 경차이고 유럽은 약 50%에 이릅니다. 이탈리아는 60%에 이를 정도이죠. 우리도 문화가 바뀌어야 하고 경차 종류도 많아져야 합니다.

메이커가 경차를 개발할 때 인센티브도 주고 활성화에 노력해야 합니다. 좁은 국토에 도심지 주차는 말할 것도 없고 차량은 점차 많아져서 골목길은 소방차가 지나가기 어려울 정도로 차량 밀어내기를 하고 있습니다.

활성화 정책도 중요하지만 문화도 바뀔 수 있도록 모두가 노력해야 합니다. 이제는 경차 활성화 포기 상태이고 누구도 관심이 없습니다.

에너지 절약형 수동변속기도 아예 없어졌습니다. 관심을 가져야 할 시기입니다.

전기차 충전소에 다른 차량이 주차하고…

전기차의 인기는 더욱 높아지고 있습니다. 올해 보급되는 전기차는 약 5만대 수준입니다. 올해 말에는 누적대수 10만대가 될 것으로 예상되고 내년 말에는 20만대가 될 수도 있습니다. 그 만큼 기하급수적으로 늘고 있어서 전기차의 시대는 더욱 빨리 다가온다고 봅니다.

그 동안 충전 인프라 등 다양한 부수적 노력도 일구어 이제는 더욱 이용 상의 불편함이 많이 사라지고 있습니다. 그러나 아직 충전 인프라를 선진형 으로 활용하는 선진 문화는 안착이 되어 있지 못하다는 것입니다.

전기차 충전장소에 일반 차량이 주차하고 있거나 충전이 이미 끝난 차량을 그대로 주차시키고 사라지는 운전자도 있으며, 심지어 충전이 필요 없는 전기차를 아예 주차시켜 놓는 사례도 종종 있습니다. 경우에 따라 전기차 충전장소를 장애인 주차 장소에 동시 설치하는 지자체의 웃지 못 할 사례도 있습니다. 아직은 주변에서 전기차 충전장소는 부족한 실정입니다.

물론 전기차가 모든 것을 대신하는 차량이 아닌 만큼 기존 차량과 균형을 맞추어 조화를 이루고 함께 배려하는 선진 자동차 문화가 중요합니다. 그동안 급격하게 발전한 자동차 산업보다 자동차 문화는 짧은 역사로 말미암아 아직은 후진성을 면치 못하는 만큼 운전자 여러분의 노력이 절대로 요구됩니다.

특히 전기차의 보급과 활성화는 미래를 위한 중요한 잣대인 만큼 전기차 충전소의 선진 문화가 하루속히 안착되기를 바랍니다.

자동차 옵션

자동차에 관심이 커지면서 옵션의 선택에 큰 관심을 가지는 소비자가 많습니다. 동시에 가격은 오르고 고급 옵션이 많아지면서 원래의 목적과는 다른 주객이 전도된 경우도 많다고 할 수 있죠.

경우에 따라 패키지 형태의 옵션이 자신과의 의도와는 다르게 장착되어 비용을 증가시키기도 하여 전체 자동차 가격의 40%에 달하는 경우도 있기도 하지요.

특히 수입차의 경우에는 해외에서 수입되다 보니 국가별 소비자 특성을 고려하여 과도한 옵션이 포함되는 경우도 있고 아예 옵션이 없는 깡통차 개념으로 수입되기도 합니다. 우리나라의 경우 과도한 옵션이 많은 만큼 풀 옵션이 장착되어 수입되는 수입차가 많아서 가격을 크게 높이는 역할도 한다는 것이죠.

심지어 국내의 경우 과도한 옵션을 장착한 차량을 구입하지만 막상 구입 이후 옵션을 사용조차 하지 않아서 자신의 차량에 어떤 기능이 있는지조차 모르는 소비자들도 비일비재할 정도입니다. 일종의 충동구매로 우선하지만 포장지 그대로 있는 경우와 같다고 할 수 있죠. 경우에 따라 안전기능도 활용하지 않아서 위험을 자초하는 운전자들도 있을 정도이죠. 그렇다면 어떠한 옵션이 좋은 기능일까요?

우선 안전기능을 추천하고 싶습니다. 소비자는 욕심 부리기보다는 꼭 있어야 할 옵션을 선택하는 현명한 판단이 필요하고 시민단체는 이러한

기능과 사용법과 무리한 판매는 없는지 감시하고 조율하는 기능, 정부와 지자체는 법과 제도적 기준을 참고로 소비자 중심에서 배려하고 보호하는 철저한 역할이 필요하다고 할 수 있습니다.

메이커의 역할은 시작점이라는 생각으로 미래를 위한 충성고객을 확보하는 차원에서 생각해야 할 것입니다. 그러나 무엇보다 중요한 중심은 소비자 자신이라 할 수 있습니다. 자동차는 쇼핑병이 도지면 패가망신한다는 것이죠. 그래서 수입 고급차를 중심으로 '카 푸어'도 많이 등장하고 있습니다.

우리 자동차 문화는 소비자가 만들고 지켜가야 한다는 것이죠. 그 중에서 자동차 옵션은 그 시작점이라 할 수 있습니다.

골목길 운전이 가장 위험해요!

자동차를 운전하면서 가장 위험한 지역이 어디일까요?

일반 길가보다는 역시 골목길 운전이라 할 수 있습니다. 골목길은 좁은 데다가 각 가정 대문과 맞닿아 있어서 보행자는 물론 자전거 및 오토바이가 갑자기 나타나는 경우가 많습니다. 더욱이 아이들이 갑자기 뛰어나오면서 인사사고가 발생하는 경우가 많습니다. 운전자는 대처하기도 어렵고 사고로 이어질 수밖에 없습니다.

특히 과속을 삼가해야 합니다. 어린이 보호구역의 경우 시속 30km 미만이나 골목은 이 속도도 매우 높은 속도입니다. 항상 20km 미만으로 움직여야 합니다. 더욱이 좁은 골목에 주차까지 되어 있어서 더욱 좁고 보이지가 않습니다.

몇 가지 주의사항이 필요합니다!

골목길에서는 **안전하고 에티켓 있는 주차법**도 배워야 합니다. 일방통행을 특히 주의하세요. 반대로 달리면 더욱 위험합니다. 진한 선팅 시 창문을 내리고 운행하세요. 큰 음악소리도 멈추고 주변을 들으세요.

그리고 **양보자세**가 더욱 중요합니다. 상대방에 대한 배려이죠. 야간 골목길 운행 시 두 배 이상 더 주의하세요. 오토바이 접촉사고가 특히 많아서 더욱 주의해야 합니다.

비 오는 날, **우산 든 사람을 유의**하세요. 사람이 차를 보지 못합니다. 역시 속도는 20km 미만입니다. 역시 아이들은 움직이는 빨간 신호등입니다. 어디에서 나타날지 모릅니다. 그리고 정부에서 공식적으로 골목길 20km 미만 표지판을 공식화시켜 표지판을 세우는 움직임도 꼭 필요합니다.

2019.6.16

당신은 자동차 에티켓을 알고 있나요?

성인이면 대부분 자동차를 운전하고 있습니다. 그 만큼 일상생활화 될 정도로 이제 자동차는 가장 핵심적인 역할을 합니다. 그 동안 우리나라는 약 50년 사이에, 선진국이 이룬 100년의 역사와 맞먹을 만큼 선진국 수준으로 올린 유일한 국가입니다. 자부심을 가져도 좋습니다.

그러나 이에 걸 맞는 자동차 문화는 아직은 후진국 수준입니다.

많은 노력을 기울이고 있지만 눈살을 찌푸리는 운전문화가 많고 이로 인한 교통사고로 4천명에 이르는 사망자가 발생할 정도입니다. 작년 처음으로 40여년 만에 3,700여명으로 줄었습니다.

그 만큼 자동차 에티켓도 부족한 상태이죠. 아직도 자동차 밖으로 담배꽁초나 쓰레기를 버리는 운전자가 종종 있습니다. 끼어들기를 당당하게 하고 미안하다는 신호도 없습니다. 최소한 비상등을 켜서 고맙다는 표시는 쉽게 누구나 할 수 있습니다. 이는 보복운전이나 난폭운전을 크게 줄일 수 있습니다. 골목길에서 과속운전을 일삼고 신호를 어기는 운전자는 아직도 많습니다. 양보나 배려 운전은 아직 부족합니다. 너무나 3급_急 운전에 매달려 있습니다.

운전면허제도는 후진국 수준에 머물러 있습니다. 이륜차 문화는 아예 존재하지 않을 정도로 정부도 관심이 없습니다. 외면만 하는 상태라고 할 수 있습니다. 아직도 큰 차만을 지향하고 사고가 나면 우선 큰

소리만 지르는 운전자가 아직도 있습니다.

2차사고 예방이나 비상조치는 배운 적도 알려고도 하지 않습니다.

그 만큼 위험한 상황이 많고 사망사고로 이어지는 인재라 할 수 있습니다. 무엇보다 운전자의 제대로 된 안전운전과 양보운전이 필요하고 운전면허제도의 선진화와 지속적인 교육이 필요합니다.

이는 하루 이틀에 되는 것이 아니라 수십 년간 어릴 때부터 지속적이고 반복된 교육과 신뢰성 있는 법과 제도가 있어야 합니다.

특히 보편타당성과 합리성은 물론 누구나 인정하는 신뢰가 중요합니다. 지금부터라도 지속적으로 노력하고 바꾸려는 의지가 필요한 시점입니다.

장애인차 개발에 관심을…!

장애인은 당신이 가고자 하는 곳으로 이동할 수 있는 것이 생활의 전부라 할 정도로 중요한 요소입니다.

한곳에 머물게 되면 미래가 없고 자신감 또한 상실되게 마련이죠. 이러한 이동성을 보장해 주는 장치가 바로 자동차라 할 수 있습니다. 물론 버스나 지하철도 가능한 수단이나 우리나라에서 버스에 있는 자동차 휠체어 승하차 장치를 이용하면 난리가 날 것입니다. 형식적으로 장착되어 있고 실제로 사용하는 경우는 거의 없다고 할 수 있죠. 용납해주지 않는 사회라는 것입니다. 지하철도 마찬가지라고 할 수 있습니다.

일본의 경우 전철을 이용하기 위하여 이동에 대한 정보를 미리 신청하면 역무원이 해당 역에서 탑승하는 것을 돕고 내릴 때 역시 나와서 보조를 해준다고 합니다. 다른 탑승자는 승하차를 할 때 몇 초간의 시간 지연은 편하고 자연스럽게 모두가 감내해 낸다는 것이죠. 모두 배려와 양보에 대한 인식이 자리 잡고 있기 때문입니다. 우리는 역시 불가능한 사안입니다.

결국 장애인이 이동성을 극대화하는 방법은 바로 자가용을 이용하는 방법입니다. 본인이 직접 장애의 정도에 따라 차량을 개조하고 운전이 용이하게 개조하여 운용하는 방법이죠. 이른바 장애인 개조 차량이라 할 수 있습니다.

국내에서는 일반 양산 차량을 자신의 장애 정도에 따라 개조하고 있으나 상당 부분이 해외에서 수입하여 장착하고 있습니다. 국내에는 개발도 되어 있지 않고 수입 비용은 고가여서 차량 가격을 훌쩍 넘기는 경우도 있습니다.

　획일적인 1,500만원 지원 제도 개선은 물론이고 현대차 그룹 등에서 기술적으로 경제적인 보급 모델도 다양하게 필요합니다. 주관부서인 보건복지부를 필두로 산업부, 환경부, 국토부, 기재부, 행안부 등 모든 부서가 함께 노력해야 합니다.

　진정한 선진국은 어느 때가 가능할까요?

　나도 장애인이 될 수 있다는 생각을 가지고 같이 상생한다는 마음으로 조금만 배려한다면 좀 더 아름다운 사회가 될 것이라 확신합니다. 특히 이동수단은 마이너를 배려해야 합니다. 그것이 진정한 선진국이라 할 수 있습니다. 이동권 보장은 그들에게 생존권과 같다고 할 수 있습니다.

교통사고 사망자수 3천명 시대

작년 연간 교통사고 사망자수가 42년 만에 3,700여명 수준으로 떨어졌습니다. 항상 4,000여명 수준으로 OECD국가 평균의 3배라고 할 수 있었습니다. 그 동안의 교통안전 인프라 개선과 제도적 개선 노력의 결과라 할 수 있습니다.

특히 최근 시행되기 시작한 제 2 윤창호법은 엄격한 음주운전 문화를 퇴출시킬 수 있는 절호의 기회라 판단됩니다. 분명히 효과는 있을 것이고 결과도 있을 것입니다. 그러나 근본적으로 전체를 개선하기 위해서는 더욱 다양한 노력이 있어야 합니다.

우리는 급출발, 급가속, 급정지라는 3급 운전에 능합니다. 앞뒤 차의 간격도 좁고 양보 운전에 인색합니다. 보복과 난폭운전도 많습니다. 즉 어릴 때부터의 교통안전교육이나 양보교육 등을 받지 못하였고 기회도 없었습니다.

일본 등 선진국의 사례에서 보듯 우리의 어릴 때부터의 지속적이고 신뢰성 높은 교육이 꼭 필요하다고 봅니다. 이렇게 다듬어지고 성인이 되면 자연스럽게 양보와 배려 운전이 가능해집니다.

두 번째로 운전면허제도의 개선입니다.

약 10년 전 대통령의 운전면허제도 간소화 이후 단 13시간 교육으로 변모하여 하루 반이면 취득할 수 있는 세계에서 가장 낙후된 제도를 가지고 있습니다.

호주의 2년, 독일의 3년은 고사하고 일본이나 중국 등과도 비교가 되지 않습니다. 장롱이나 초보운전자가 일으키는 사망사고는 많습니다. 창피할 만한 수준이라 할 수 있습니다.

그리고 연간 국민들이 내는 벌금이나 과태료는 약 8,000억 원도 일반 세수로 편입시키지 말고 교통관련 개선에 사용해야 합니다. 일본 등은 모두 같은 분야에 사용하고 있는데 우리는 다른 곳에 나눠 먹기식 이라고 할 수 있죠. 모두가 개선되어야 실질적인 개선효과가 나옵니다. 정부와 지도자의 솔선수범하는 노력이 있어야 국민도 따른다는 것이지요.

자동차 부품산업의 생존은?

최근 자동차의 미래가 더욱 복잡해지고 있습니다. 지난 내연기관차 중심에서 친환경차는 물론이고 자율주행차와 커넥티드카, 부품의 전동화는 기본이고 이를 융합시킨 모빌리티 쉐어링이라는 사업모델까지 더욱 다양성과 융합성이 커지고 있는 있습니다.

자동차 생태계의 패러다임 변환도 고민거리입니다. 전기차 득세가 더욱 빨라지면서 부품수가 과반인 전기차의 구조상 생산직 과반의 퇴출은 고민거리라고 할 수 있죠. 향후 더욱 거세지는 공유경제로 판매되는 자동차의 20~30%가 줄어드는 특성도 생각해야 하기 때문입니다. 이미 글로벌 제작사들은 필요 없는 공장을 폐쇄하고 생산직 감소 등 구조조정을 진행하는 부분도 미래를 위한 준비라고 할 수 있습니다. 그나마 글로벌 제작사나 글로벌 부품사들은 정보력과 자금력 등을 활용하여 미리부터 준비하는 대책을 세울 수 있으나 2~4차 하청 자동차 부품사들은 그대로 악재에 노출될 수밖에 없다는 것입니다.

우리나라의 경우 이러한 부품사들의 영업이익률은 1~2% 수준으로 자체적인 연구개발 능력은 고사하고 외부의 실시간적인 정보를 입수할 수 있는 루트도 없을 정도로 열악하기 때문이죠. 여기에 하나의 제작사에 매달린 전속 계약이 많아서 제작사가 흔들리면 부품사까지 흔들리는 사상누각 상태이기 때문이죠.

　이러한 상태이니 원천기술이나 능동적인 움직임을 갖춘 글로벌 강소기업은 꿈도 꾸지 못하는 구조라고 할 수 있습니다.

　정보력이 부족한 만큼 정부나 지자체의 정보센터 운영 등을 활성화하여 글로벌 흐름을 부품사에 인지시키는데 총력을 기울여야 한다는 것입니다. 또한 부품사들의 분류를 더욱 활성화하여 미래 지향적인 연계성이 있는지, 아니면 단일적인 내연기관차 중심인지도 확인하여 부품사들의 미래 방향을 설정해주어야 한다는 것이지요. 필요하면 민·관 펀드 조성 등을 통하여 합종연횡과 도태와 업종 전환 및 전환 교육 등 다양한 방법을 동원하여 방향성을 제대로 주자는 것이죠.

　수출 다변화도 중요합니다. 글로벌 제작사나 부품사들에게 해당 부품을 납품할 수 있는 수출로를 뚫어주는 작업도 필요합니다. 취약한 연구개발 능력과 양산화 과정을 도울 수 있는 산·학·연·관 체계의 실질적인 구성도 필요합니다.

　미래를 제대로 보고 능동적으로 대처하지 않는다면 우리의 미래는 없다고 해도 과언이 아닐 것입니다. 그래서 지금이 자동차 산업의 미래가 달려있습니다.

도심 버스전용차로를 탄력적으로 활용합시다!

지난 20여 년간 도심지 버스전용 차로는 시민들의 발이 되어 막힌 도심을 뚫어주는 중요한 도로정책이라 할 수 있습니다. 서울시를 필두로 다른 대도시로 번져서 상당수의 도시들이 이 정책을 시행하고 있으며, 심지어 해외에서까지 벤치마킹하러 내방합니다. 그런데 충분한 필요성과 성과가 있으나 출퇴근 시간을 빼면 이 도로는 비워있는 경우도 많습니다. 동시에 다른 차선은 언제나 밀려서 많은 시간이 소요될 정도로 빈번합니다. 이 버스 전용차선은 광역형 버스 용도인 만큼 일반 시내버스나 마을버스는 기존의 좁아진 일반 차로와 정류장을 이용하여 더욱 밀린다는 것이지요. 본래 취지는 좋으나 상대적 단점으로 나타나는 해결 방안도 있어야 할 단계라고 생각됩니다.

문제는 비워있는 시간대를 이용하여 다른 교통수단으로 활용하자는 것입니다. 예전에 현재 보급되고 있는 전기차를 출퇴근 시간대를 제외한 한산한 시간대에 단기간의 재평가를 전제로 비보호 진입으로 허용하자는 움직임도 있었으나 부처 간의 견해 차이 및 이해 관련 단체 문제로 없던 일로 한 경우가 있었습니다.

해외 몇 국가에서는 실제로 도심지 버스 전용차로에 전기차가 진입하고 있기 때문이죠. 이제 도심 버스전용차로 각 지역별로 통계도 있고 비워 있는 시간대도 잘 아는 만큼 꼭 전기차가 아니어도 다른 교통수단의 활용을 적극적으로 활용해야 하지 않을까요? 국민을 위하는 정책인 만큼 이제 버스 전용차로는 성역이 아닙니다. 활용도를 높여야 합니다.

렌트카 빌릴 때 유의사항

휴가철 렌트카 이용이 많아지고 있습니다.

장거리의 경우 비행기나 기차 등을 이용하고 근방에서 렌트카를 이용하면 가족 동반의 경우 매우 편리하기 때문입니다. 제주도의 경우 가장 보편화되어 있다고 할 수 있죠. 그러나 렌트카를 빌릴 때 생각 이상의 문제가 발생하여 여행을 망치거나 심각한 후유증이 발생하기도 합니다. 그래서 꼭 이것만은 확인하시기 바랍니다.

우선 미리 예약하면 차종이 다양하거나 비용 등을 할인 받는 경우가 많습니다. 그리고 차량 상태 확인도 꼭 필요합니다. 흠집이나 사고 흔적을 현장에서 미리 확인하지 않으면 본인이 부담을 지는 경우도 종종 있습니다. 그래서 미리 사진 등을 찍어놓기도 해야 합니다.

공유차량은 비대면 특성으로 더욱 이러한 문제는 발생할 가능성이 높습니다. 렌트 차량의 시트 얼룩 등으로 위생이 문제가 있는 경우도 늘고 있어서 앞뒤 좌석 모두를 확인하는 것도 필요합니다.

타이어 등의 공기압이 낮은 경우나 못 등이 박힌 경우가 종종 있는 만큼 현장 확인은 꼭 필요합니다. 출발할 때 확인한 주유량은 반납 시에도 필요하죠, 주유량이 원래보다 넘치면 문제가 없지만 부족하면 비용으로 충당합니다. 렌트카 보험 적용 범위의 확인도 필요합니다.

자차가 어디까지 인지도 확인하면 사고 발생 시 중요한 역할을 합니다. 그래서 보상에서 자유로운 완전 자차를 하는 경우도 많습니다.

제동상태 등을 확인하여 차량이 밀리는지도 확인하고 와이퍼 작동여부, 와셔액은 물론 전조등 등 등화장치 여부도 중요합니다.

그리고 같은 차종을 빌리는 것이 유리합니다. 익숙하기도 하지만 다른 차량을 빌리면 기능을 모두 익혀야 하고 비상 시 능동적으로 대처하기가 어렵습니다. 순간적으로 위험에 노출되기도 합니다. 운전자 등록은 일반적으로 3명까지 가능하니 최대한 가족 모두를 등록하는 것도 교대운전 등 여러 면에서 유리합니다. 렌트카의 제대로 된 확인 절차는 안전을 위해서도 필수요소입니다.

방향지시등 활용을 습관화 합시다!

차량의 기능에는 여러 가지가 있습니다. 운전자 자신의 안전을 위한 기능이 있는 반면 다른 운전자에게 신호를 보내어 안전을 도모하는 경우도 있습니다. 이 중 다른 운전자가 볼 수 있고 미리 인지를 시키면 교통사고에서 자유스러울 수가 있습니다.

DRL이라고 하는 주간 주행등은 낮에도 전 방향으로 항상 켜져 있어서 남들에게 자신이 오고 있다는 것을 미리 인지시켜 줍니다. 예전 주간 주행등이 없는 경우보다 있는 경우가 약 20% 이상 안전하다는 것이 입증되었습니다. 또 한 가지 중요한 등이 바로 방향지시등입니다. 일명 '깜빡이'라고도 하지요. 방향지시등은 다른 운전자에게 자신이 어떤 차로로 이동한다는 것을 미리 인지시키는 최고의 안전장치입니다.

최근 실태조사에서 방향지시등을 켜지 않는 운전자가 30%에 이를 정도입니다. 켜지 않는 이유는 미리부터 방향지시등을 켜면 양보해주지 않거나 아예 귀찮아 손끝 하나 움직이지 않는 경우도 많습니다. 속도나 거리에 따라 미리 방향지시등을 켜면 교통사고를 크게 개선할 수 있습니다. 오토바이나 다른 차량에 자신이 움직이는 차로를 가르쳐주어 예방 차원의 운전이 가능합니다.

양보나 무리한 운전을 하면 비상등을 켜고 미안하다는 뜻을 전하면 보복이나 난폭운전이 획기적으로 줄어듭니다. 마찬가지로 방향지시등을 켜면 여유 있는 배려 운전이 가능한 선진형 안전운전 방법이 정착됩니다. 이것이 친환경 경제운전인 에코드라이브의 시작입니다.

일본의 경제보복

일본의 경제보복이 두 달째에 이르고 있습니다. WTO 제소, 한·일 군사 정보보호 협정 파기 등 정부에서 할 수 있는 다양한 준비를 하고 있으나 아직은 관망세라 할 수 있죠. 그러나 민간에서는 시민단체를 중심으로 개인적으로 일본 제품 불매운동이 확산되면서 점차 가시적인 효과도 나타나고 있는 상황입니다.

그 동안 정치적인 대결은 치열하였으나 금기 영역이라 할 수 있는 경제 영역에 정치적인 이유로 보복을 시작한 부분은 너무나 치졸하다고 할 수 있습니다. 그래서 국민적 분노가 커진 이유라 할 수 있습니다.

가장 중요한 부분은 실제 현 일본의 경제보복은 더욱 확산되기 전에 정치·외교적으로 빠른 시일 내에 풀어야 한다는 것이죠. 정치인들은 오늘은 싸워도 내일은 웃을 수 있는 영역이나 경제나 문화적인 부분에 적대감이 발생하면 회복에 수십 년이 소요되기 때문입니다.

특히 우리는 일본에 대항하여 싸울 수 있는 역량이 많이 늘었다고 할 수 있으나 일본의 피해에 비하여 우리의 피해는 몇 배가 될지 몇 십 배가 될지 예상하기 힘들기 때문입니다. 국민적 희생을 줄이는 정부의 지도자적 역량이 절실히 요구되는 시기라 할 수 있습니다.

분명한 것은 이번 일본의 경제보복이 길건 짧건 간에 일본이 경제적인 이슈를 카드로 활용할 수 있는 사례를 제공한 만큼 독자적인 원천기술 확보와 생산은 물론 수출입 다양화를 통하여 만전을 기하라는 신호를 주

었다는 것입니다.

　이미 미국 트럼프대통령 이후 세계는 완전히 자국주의와 강대국의 논리 개념으로 바뀌고 있습니다. 국제 사회에의 호소는 먹히지 않고 힘만이 자신을 지킬 수 있는 개념으로 바뀌고 있다는 뜻입니다.

　이번 일본의 경제보복은 글로벌 시장의 변화와 함께 우리 힘을 확실히 키워야 하는 논리를 제공하였다고 할 수 있죠. 국민적 역량을 모두 모아 이번 최대의 위기를 기회로 바꿀 수 있는 국민적 단합이 요구되는 시기입니다.

클래식 카 문화가 필요합니다

독일 등 선진국은 자동차의 역사와 함께 한 국가인 만큼 자동차 역사를 통한 다양성과 문화적 공감대가 매우 큰 국가입니다. 제작사별로 자부심 강한 박물관이 즐비하고 100년 된 클래식 카를 통하여 과거를 찾고 이를 다시 승화시키는 작업도 하면서 신개념 사업 모델을 찾고 있기 때문이죠.

각종 클래식 카 전시회는 물론 클래식 카 퍼레이드, 복원 기술과 클래식 카 부품 공급은 물론 이를 통한 비즈니스 모델도 다양하게 창출되어 풍성한 자동차 문화와 미래에 대한 자신감을 심어주고 있다고 할 수 있습니다.

우리는 이에 비하여 과거에 대한 기억이 전혀 없다고 할 수 있습니다. 압축된 자동차 기술 역사를 바탕으로 경험하지 못한 자동차 문화로 인하여 클래식 카 문화는 아예 없다고 해도 과언이 아니라 할 수 있습니다. 제대로 된 박물관조차 없다는 것이지요.

국내는 아예 클래식 카 관련 단체도 없고 전시회도 없으며, 세미나는 물론 거래 문화도 없어서 완전 불모지라 할 수 있습니다. 아예 클래식 카 존재를 인지하지 못할 정도이니 관련 규정은 없다고 할 수 있습니다.

환경적인 규제만 까다로워지면서 예전 클래식 카의 배기기준으로는 지키기 어렵다고 할 수 있습니다. 길거리에 끌고 나올 수 있는 자격 부여 자체가 없다는 것이죠.

　독일 등은 클래식 카를 공로 상에서 운영할 수 있는 별도의 환경 기준을 만들어 운행할 수 있는 근거를 마련하고 문화적 활성화에 노력하는 반면 우리는 아예 관련 규정은 물론 인식조차 되어 있지 못하다고 할 수 있습니다.

　클래식 카는 20~30년 이상 된 역사적 의미나 희소가치 등 가격적 측면에서 고부가가치가 있으나 일반적인 차량으로 운행하기 어렵다고 할 수 있습니다.

　봄, 가을 좋은 날씨에 오랜 만에 길거리로 가지고 나와서 상태 점검과 내구성을 검증하는 정도라 할 수 있습니다. 일각에서 우려하는 대기오염 물질 배출 등은 걱정하지 않아도 된다는 것이죠.

　환경 규제만 하니 클래식 카는 인정도 하지 않으며, 관련 법규는 없으며, 그나마 지정한 근대 문화재인 약 20점의 클래식 카도 개인적으로 관리하고 지원조차 없다고 할 수 있죠. 클래식 카 문화는 과거로만 생각하지 말고 과거의 자부심과 다양한 배경을 바탕으로 미래를 다시 보게 하는 거울이라 할 수 있습니다. '과거를 못 보는 사회는 미래도 없다'는 사실을 항상 인지했으면 합니다.

1톤 전기트럭의 상용화를 꿈꾸며…!

전기차는 높은 배터리 가격 등으로 인하여 대형차에 적용하기에는 가성비가 많이 떨어지는 상황입니다. 그래서 특히 건설기계 등은 제대로 적용하지 못하고 있다고 할 수 있습니다. 아직 시간이 필요하고 본격적인 전기차 시대로 접어들기 위해서는 고민을 더 해야 한다는 것이죠.

이중 1톤 전기 트럭의 양산과 보급은 가장 중요한 시작점이라 할 수 있습니다. 대형으로 가는 과정의 매개체 역할을 하고 화물에 대한 중량을 해결하는 중요한 기술도 포함되어야 하기 때문입니다.

특히 1톤 트럭은 국내에서 단일 기종으로 가장 많이 판매되는 차종으로 생계형도 많고 더욱이 노후화된 디젤 차종이어서 환경문제도 심각하기 때문입니다. 더욱이 국민적 관심이 가장 큰 미세먼지의 주요 원인 중의 하나가 바로 노후화된 디젤 차량에서 뿜어져 나오는 질소산화물이기 때문이죠.

따라서 양산형 1톤 전기 트럭의 보급은 1석 3조의 효과가 있기 때문입니다. 특히 차량의 특성상 1톤 트럭은 주행거리도 길고 택배용이 많으며, 주택가에 운행되는 특성도 커서 친환경적인 특성이 요구된다고 할 수 있습니다. 그 만큼 노후화된 디젤 트럭이 유일하여 더욱 환경문제에 있어서 가장 큰 표적이 되어 있는 차종이기도 합니다. 드디어 올해 말부터 국내 제작사에서 국내 처음으로 1톤 전기트럭을 양산합니다.

역시 누적된 노후화된 1톤 트럭이 많다고 할 수 있어서 더욱 기대가 됩니다. 환경적 개선은 물론 하중에 따라 배터리 주행거리 표시 등 기술적 진보도 상당히 확보되어 중대형 트럭의 운전 특성에도 큰 도움이 될 것입니다.

이를 기회로 중대형 전기 트럭으로 가는 기술 확보는 물론 아직 디젤 엔진만이 독주하고 있는 건설기계로의 진출에 기폭제가 될 수 있는 기회가 되길 바랍니다. 특히 다양한 전기차 모델의 출시는 국산차의 글로벌 시장 진출 확산과 주도권을 쥐는데 중요한 기회를 제공할 것으로 확신합니다.

추석 연휴 후에 차량 점검

지난 추석 연휴 잘 보내셨죠? 아마도 다녀오신 후 차량 점검 제대로 하신 분 많지 않을 것입니다. 고향 귀성길 가기 전에는 그래도 차량 점검하신 분이 많지만 갔다 오고 나선 차량 그냥 그대로 출퇴근용으로 활용하고 있을 것입니다.

지금이 중요합니다. 곧 추워지기도 하지만 사람과 마찬가지로 만신창이가 되어 세차 하나 하지 않고 바쁘다는 핑계로 그대로 운영하는 경우가 많습니다.

차 안에서 먹거리를 먹다 보니 음식 찌꺼기 등이 의자 밑으로 들어가 곰팡이가 슬거나 썩으면서 실내 공기질이 좋지가 않습니다. 아이들도 그렇지만 어른들도 아토피나 알레기성 문제가 발생하기도 합니다. 세차는 물론 실내 청소도 깔끔히 해야 합니다. 동시에 타이어 공기압 등 타이어 상태, 엔진오일, 냉각수, 배터리, 워셔액 등 일반적인 점검은 기본입니다.

더욱이 7~8년 이상 된 중고차의 경우는 바로 자주 점검하고 간단한 소모품은 교환하는 것이 안전도 보장하고 내구성도 유지합니다.

특히 곧 추워지는 만큼 미리부터 점검하면 나중 비용도 아끼고 문제 발생을 근본적으로 차단할 수 있습니다. 주말에 따뜻한 햇볕 밑에서 자동 세차도 좋고 바닥 매트도 꺼내서 깔끔하게 청소하시기 바랍니다. 확실하게 안전과 내구성은 물론 전체적인 비용도 아낄 수 있습니다.

2019.10.6

SUV가 대세

최근 세단보다 SUV의 인기가 더욱 높아지고 있습니다. 수년 사이에 일종의 대세가 되고 있습니다. 예전에는 세단에다가 SUV를 붙이는 사례가 많았지만 이제는 SUV를 중심으로 세단을 붙이거나 아예 세단에서 SUV만을 개발 보급하는 사례도 늘고 있습니다. 심지어 세단만을 고집하던 소비자가 SUV로 옮겨 타는 사례가 크게 늘고 있습니다. SUV모델이 새로 출시되면 대·중·소 크기에 가리지 않고 성공하고 있습니다.

왜 이렇게 SUV를 선호하는 것일까요? 우선 세단과 같은 정숙성과 안정성을 보유하기 시작했습니다. 즉 기술적 진보가 많이 이루어지고 있다는 뜻입니다. 또한 하향 평준화된 고급 옵션도 한몫하고 있습니다. 전체적인 만족도와 가성비가 좋아졌다는 것입니다. 여기에 세련된 디자인과 연비 등도 괜찮습니다. 도심형 SUV가 중심이 되고 있고, 물론 겨울을 고려한 4륜도 흐름입니다. 또한 차고가 높고 안정된 운행과 안전성도 중요한 만족도입니다.

특히 여성 운전자가 운전하기 편하다는 것이죠. SUV가 모든 세단의 장점을 모두 갖추기 시작했다는 것이지요. 물론 타사 대비 가성비가 좋아야 하는 것은 기본입니다. 아직 디젤엔진도 많지만 환경규제 등으로 점차 가솔린엔진도 나타나고 있으며 곧 중대형 SUV 전기차도 등장합니다.

국내 유일한 수소 연료전지차도 SUV죠. SUV의 흐름은 과도기적 모델이 아니라 시대의 흐름입니다. 다양한 SUV의 대결을 통하여 다양한 모델을 소비자는 즐기기를 바랍니다.

경차 만세

국내 경차의 비율이 더욱 줄어들고 있습니다. 머지않아 점유율 5% 정도로 완전히 사라지지 않을까 우려마저 듭니다. 예전에는 그래도 점유율 10%에 이르면서 그래도 유지하는 영역이라고 할 수 있었습니다.

경차는 큰 차량에 비하여 20~30% 이상의 연료 절약과 더불어 낮은 배기가스는 물론 낮은 구입 가격과 주차장에서의 자유로움은 물론 에너지 효율화가 가능한 중요한 대상이라 할 수 있지요.

전체 에너지의 97%를 수입하면서도 1인당 에너지 소비증가율은 세계 최고 수준이어서 경차 활성화는 1석 5조 이상의 효과가 있습니다. 그러나 국내 실상은 심각하다고 할 수 있죠. 대형 고급차가 사회적으로 대접받는 문화가 크고 그나마 있는 3가지 경차도 신차가 출시된 지 오래되었고 가벼울 경차經車가 아닌 존경받는 경차敬車가 되었을 정도로 모든 옵션이 포함되어 무거워지면서 도리어 연비가 준중형차보다 떨어질 정도가 되었다고 할 수 있습니다.

경차에 대한 인센티브 정책도 다른 국가 대비 높다고 해도 오래되다보니 국민 개개인이 느끼는 가성비는 이미 내성耐性이 생겼다고 할 수 있습니다. 특히 차종의 종류가 워낙 적고 다른 차종 대비 낙후되다보니 소비자가 외면하는 차종으로 전락하고 말았습니다.

그렇다면 최근 소비자 트랜드도 경소형 SUV를 선호하는 만큼 이 흐름에 맞추어 경차 우대 정책과 함께 경형 SUV 우대 정책도 병행하자는 것입니다.

　최근 인기를 끌고 있는 소형 SUV는 소형으로 분류되어 있지만 조금만 고민하면 경형 SUV로 재탄생할 수 있다는 것입니다. 크기는 작으면서 실내 공간을 키우고 고급 옵션을 하향 평준화시켜 장착하며, 연비와 가격 경쟁력과 디자인 등을 가미한다면 확실히 큰 인기를 끌 것이기 때문입니다.

　세단형의 경차를 지향하기보다는 경형 SUV의 경차 정책으로의 포함은 소비자를 끌어들이는 중요한 유인책이 될 수 있다는 것이죠. 경차 기준에 대한 재정립과 인센티브 정책을 재정리하며, 경차에 대한 전체적인 촉진 방법을 정부에 촉구합니다.

자율주행차의 한계

최근 자율주행차에 대한 관심은 어느 때보다 높습니다. 이른바 자율주행차는 목적지까지 안전하고 빠르게 이동시켜주는 운전자 유무와 관련 없는 꿈의 자동차라고 할 수 있습니다.

현재 자율주행차는 레벨0부터 레벨5까지 6단계를 정의하고 있습니다. 레벨0은 완전히 인간 중심의 운전이라 할 수 있고, 레벨1은 크루즈 컨트롤이나 차선이탈경보장치 같은 개념이라 할 수 있습니다. 현재 보편적으로 적용하고 있는 대중차라고 할 수 있죠.

레벨2는 ADAS, 즉 첨단 운전자 안전장치를 뜻합니다. 고급차에 적용하여 짧은 시간동안 손을 놓고 병을 딴다든지 간단한 일을 볼 수 있는 개념이죠.

레벨3은 이를 업그레이드시켜 한산한 고속도로 등에서 일정구간을 자동운전할 수 있습니다. 최근 고급차를 중심으로 적용하기 시작한 첨단 자율주행기능이라 할 수 있죠. 그러나 지금까지의 자율주행 기능은 어디까지나 운전자의 책임이라는 것입니다. 자동운전 시스템에 의지하지 말고 안전을 전제로 운전자에 도움을 줄 수 있는 안전기능이라 할 수 있기 때문입니다.

우리가 언급하는 진정한 자율주행차는 레벨4부터라고 할 수 있지요. 레벨4는 비상의 경우에만 인간이 개입하고 나머지 일상적인 부분은 모두 자동차 자체가 자율 주행하는 기능입니다.

레벨5는 완전한 꿈의 자율주행 기능으로 탑승 유무에 관계없이 모든 것을 자동차 자체가 자율 운전하는 것을 지칭하죠. 레벨4는 향후 4~5년

내 시행이 가능할 것으로 보이나 레벨5는 쉽지 않은 영역인 만큼 꿈의 영역이라 할 수 있습니다.

문제는 앞서와 같이 레벨3 정도의 완전치 못한 상태에서 운전자가 운전을 자동차에 맡기는 문제가 현재 발생하기 시작했다는 것입니다. 미국 테슬라 전기차의 경우 탑재된 레벨3 정도의 오토 파일럿 기능을 완전히 의지하다가 운전자가 사망한 사고가 이미 여럿 발생하고 있다는 것이죠. 심지어 해외 토픽감으로 고속으로 달리는 테슬라 자동차의 자율주행 기능에 의지하여 운전자가 자고 있는 모습의 사진이 알려지면서 우려가 커지고 있습니다.

국내에서도 다양한 자율주행 기능을 가진 옵션이 탑재되기 시작했고 이를 활용하는 운전자가 많아지기 시작했습니다. 역시 운전기능을 나누어서 할 수 없는 만큼 기계에 의지하는 운전자도 점차 많아지기 시작한 것입니다.

아마도 국내에서도 머지않아서 이를 전적으로 활용하다가 교통사고 사망자까지 발생할 수 있는 시기가 도래할 것입니다.

아직은 '내가 나를 모르는데 넌들 나를 알겠느냐?' 라는 인식으로 자동차를 운전하길 바랍니다. 믿을 것은 당장 자신만이라는 사실을 더욱 직시했으면 합니다.

가을철 운전 시 주의사항

가을 나들이하기 좋은 계절입니다. 사람과 차량 모두 길거리로 나가다보니 주말에는 명소가 밀리기도 하지만 교통사고도 빈번하게 발생합니다. 그 만큼 운전 시 유의사항이 많아집니다.

우선 주변 경치에 한눈을 팔지 말아야 합니다. 특히 옆에 앉아있는 동승자가 경치를 보라고 운전자에게 언급하여 한눈을 파는 경우도 종종 있습니다. 조심해야 합니다.

국도변 추수경작물 건조물을 주의하세요. 끝 차로에 깔아놓으면서 운전자가 놀라기도 합니다. 동시에 경운기 등 농기계 운행을 주의해야 합니다. 어두워지면 농기계 뒤의 반사판이 보이지 않는 경우도 많아 가을철에 여러 번의 농기계 사고가 빈번하게 발생합니다.

온도변화로 인한 졸음운전도 유의사항입니다. 나들이 운전 시 점심 이후 졸음이 발생하면 교대운전이나 졸음 쉼터 등에서 꼭 쉬었다가 출발해야 합니다.

주차 시 마른 잔디나 낙엽 등의 위에 주차하지 마시기 바랍니다. 뜨거워진 배기관 쪽에 마른 풀이 불쏘시개가 되어 화재가 발생한 경우도 있습니다.

지역별 안개 등은 변수입니다. 갑자기 안개 등으로 시야가 불편하면 속도를 늦추고 비상등을 켜고 운행하고 너무 심하면 안전한 곳에 정차했다가 재출발하는 것도 요령입니다.

　명승지 주차장에서 사람과 차량이 엉켜서 차량이동 시 접촉사고도 발생
합니다. 역시 주의가 요구됩니다.

　오토바이도 중요한 조심 대상입니다. 갑자기 등장하는 오토바이로 깜짝
놀란 경우가 많을 것입니다. 역시 가장 주의해야 할 대상입니다. 가을철은
급하지 않은 계절입니다. 항상 여유 있는 마음으로 양보 운전으로 운전하시
기 바랍니다.

퍼스널 모빌리티

퍼스널 모빌리티를 아시는지요?

바로 우리 주변에서 항상 볼 수 있는 전동 스쿠터, 전동 휠 등을 지칭합니다. 이른바 휴대하여 운행할 수 있는 1인승 모빌리티라고 합니다.

요사이 주변에서 보이는 것뿐만 아니라 아무 곳에 버려져 있는 전동 스쿠터 등이 많다는 것이지요. 여기에 보도, 차도 구분도 없고 헬멧 착용도 없이 운행하기도 합니다.

현행법은 16세 이상 원동기장치 면허 취득이나 더욱 어린 친구들이 타기는 것은 기본이구요. 차도에만 운행이 되어야 하지만 보도 등 구분 없이 운행되고 있습니다. 속도는 워낙 빠르기도 하고 사고도 빈번하지만 보험 등도 없습니다. 아무 곳에 버려도 관련법이 미진하여 단속조항이나 벌금 등도 애매모호합니다. 무법천지라 할 수 있습니다.

이제는 한국형 선진모델이 필요한 시점입니다. 이미 선진국에서 진행되는 일이라 벤치마킹하여 선진형 한국 모델로 빠르게 마련할 수 있습니다. 보험과 운행방법 마련은 물론이고 자격 기준도 새롭게 설정해야 합니다. 당연히 시속 20km 미만으로 세팅도 해야 합니다.

그 동안 정부는 아예 손을 놓고 있었다고 할 수 있습니다. 정부는 각성해야 하고 서둘러야 합니다. 이러는 사이 국민은 계속 위험에 노출되어 있습니다.

자동차 비상대책

우리는 자동차 비상 관련 내용을 잘 모릅니다. 교육을 받은 경우도 없고 교육기관도 없으며, 설마 나에게 이런 일이 발생할까 하는 안이한 생각을 하는 것이 일반상식으로 비화되었습니다.

가장 중요한 운전면허제도부터 배울 기회조차 없습니다. 선진국과 달리 가장 낙후된 단 13시간의 교육으로 이런 교육을 받을 수 없기 때문입니다. 정부도 관심이 없습니다. 교통사고 사망자 수, 교통사고 비율 등 각종 지수에서 후진적이면서도 설마 이런 일이 관련이 있을까 무시하고 있기 때문입니다.

일생 생길까 말까 하는 단 한 번의 사건이 될 수 있지만, 이 준비로 자신의 목숨을 구할 수 있고 다른 사람의 목숨도 구할 수 있습니다. 즉 자동차 비상 관련 내용과 숙지가 죽고 살릴 수 있다는 것입니다.

　자동차 비상 준비물은 있는지요? 유리 깨는 비상 망치와 가위는 있는지
요? 한번 구비하면 영구적으로 사용할 수 있습니다. 연간 5천 건이나 되는
자동차 화재가 발생하고 있으나 차량용 소화기 하나 없는 실정입니다.
2차 사고를 예방하는 안전삼각대와 섬광등은 있는지요? 유럽 등에서 안전
장비로 강조되고 있는 안전 야광조끼도 당연히 없죠?

　사고가 발생하면 탑승자는 모두 이 조끼를 입고 나오면 눈에도 잘 띄어
교통사고도 예방하고 구출되기도 좋습니다.

　자동차 비상대처법은 어느 하나 배울 수 있는 기회가 전혀 없습니다.
차량이 물에 빠졌을 때, 차량에 화재가 발생했을 때, 차량이 고속도로 등에
고장 나 정차했을 때, 사고가 발생하여 빠져나올 때, 자동차 급발진이 발생
했을 때, 모두 한 순간이 일생을 좌우합니다. 이제는 바꾸어야 합니다.
정부의 각성을 촉구합니다.

겨울이 오기 전에…

　본격적인 겨울철이 다가오고 있습니다. 겨울철은 다른 계절에 비하여 온도가 낮아서 사람과 마찬가지로 자동차도 움츠러든다는 것입니다. 모든 부품이 굳어지고 오일 등도 굳어져서 부품의 유기적인 움직임에 문제가 되고 고장이나 수명, 연비 등에도 큰 영향을 줍니다. 특히 안전에도 큰 영향을 주는 계절입니다.

　우선 자동차 정비가 더욱 중요합니다. 배터리나 냉각수는 물론 히터 동작도 중요하고 워셔액은 겨울용으로 교체하여 얼지 않게 해야 합니다. 겨울철 타이어나 서리 제거용 스프레이 등 각종 안전을 위한 준비도구도 필요합니다. 여기에 대설 등을 고려하여 스노체인도 준비해야 합니다. 막상 추운 겨울철 차량에 문제라도 발생하면 당장 애물단지로 변합니다. 물론 안전에도 큰 영향을 줍니다.

　당연히 운전방법도 중요합니다. 눈 등이 오게 되면 속도를 줄이고 여유 있는 운전이 중요합니다. 더욱이 블랙아이스가 위험합니다. 그늘진 곳이나 교량 위에 이른 아침 살짝 얼어서 아스팔트와 같은 색을 띠고 있어서 운전자가 인지하기가 매우 어렵습니다. 블랙아이스 위에서 과속이나 제동이라도 하면 차량이 '휙' 돌아가 큰 사고로 이어질 수 있으므로 가장 위험한 사고가 될 수 있습니다. 요즘이 바로 이러한 블랙아이스를 조심해야 합니다.

　주차는 당연히 실내로 들어가는 것이 차량의 컨디션 유지에 필요합니다. 외부에 주차할 경우 너무 추워지면 덮개 등을 하여 엔진룸을 보호하는 것이 필요합니다. 이제 본격적인 겨울철 준비와 안전운전을 고민해야 합니다. 오늘 당장 점검부터 하기 바랍니다.

스쿨존은 '폭탄'이다?

어린이 보호구역 즉 '스쿨존'의 강화 움직임은 어느 때보다 목소리가 높아지고 있습니다. 일명 '민식이법'이라고 하여 스쿨존 내의 과속단속기 설치 등 시설 강화와 위반 운전자의 처벌 강화를 골자로 하여 실질적인 사고 감소를 목표로 하는 안전법입니다.

국내 스쿨존은 그 동안 그렇게 강조하고 안전 인프라 구축 등 다양한 노력을 기울여 왔으나 아직 매년 수명 이상의 어린이가 사망하고 있는 불모지라고 할 수 있습니다. 어린이의 사망은 성인의 책임은 물론 사회적 후유증이 가장 큰 인재라는 측면에서 더욱 안타깝고 후진적인 사고에 해당합니다.

이번 민식이법 통과는 물론 더욱 강화된 방법이 필요합니다. 운전자가 확실히 알 수 있게 스쿨 존 영역을 성역화하는 것입니다. 바닥은 물론 신호등 모든 시설을 운전자가 진입하는 단계부터 눈에 띠는 색깔 등 시설을 특화시키는 것입니다.

과속단속기 설치와 과속 방지턱은 물론 보도와 차도 구분을 위한 안전 펜스 설치도 당연합니다. 특히 아직 상당수의 초등학교 주변 길들이 보도와 차도가 구분이 되지 않은 혼재 지역이 많습니다. 이 지역을 중심으로 확실한 방법을 강구해야 합니다.

운전자들이 확실히 인지할 수 있는 성역임을 알리는 방법은 더욱 중요한 효과를 기대할 수 있기 때문입니다. 물론 처벌강화도 중요한 수단이긴 하지만 사고 이전에 미리 예방하는 것이 더욱 중요함을 다시 한 번 강조합니다.

2019.12.15

전기차 시대로

전기차의 흐름에 가속이 붙습니다. 국내 올해 말 누적 전기차 대수는 9만대가 넘어 내년 초 10만대가 넘어갑니다. 내후년에는 20만대가 넘을 것이 확실 시 됩니다. 올해 보급되고 있는 전기차 대수는 4만 2천여 대 정도이나 내년에는 6만 5천대 정도로 잡혀 있습니다.

전기차 구입 시 보조금과 더불어 각종 운행 상의 인센티브가 있습니다. 이미 세계적으로 전기차는 선택이 아니라 필수 요소로 떠오르고 있습니다. 내연기관차의 엔진과 변속기가 없어지고 배터리와 모터가 대신합니다. 부품 수는 반으로 줄고 생산 방법이 크게 달라지면서 생산인력도 약 40%가 줄어듭니다.

지난 130여 년의 내연기관차 역사가 크게 변모하여 패러다임 자체가 급변하는 것입니다. 미래는 전기차, 자율주행차 그리고 모빌리티 쉐어링이라는 공유경제가 융합되면서 우리가 생각하는 이상으로 크게 변모합니다.

이에 따른 일자리 변화, 업종전환 교육 등 미래 변화를 위한 준비가 매우 중요합니다. 과거의 10년보다 앞으로의 1년이 더욱 빠르게 달라집니다.

자동차는 단순한 이동수단에서 움직이는 생활공간, 움직이는 가전제품으로 변하여 우리의 생활 자체가 달라질 것입니다. 이미 이러한 변화는 시작되었습니다. 미리부터 준비하여 경착륙이 아닌 연착륙이 될 수 있도록 모두가 노력해야 하는 시점입니다. 산학연관의 융합적인 조직과 대처를 촉구합니다.

운전면허제도, 이젠 좀 바꿉시다!

올해도 다양한 사건사고가 있었지만 내년에 꼭 개선되었으면 하는 내용이 있다면 바로 국내 운전면허제도의 개선이 이루어졌으면 하는 생각입니다.

약 9년 전 대통령이 국내 운전면허제도 개선을 위한 간소화 이후 50여 시간의 교육이 11시간으로 변하였습니다. 이후 너무 쉽고 안이한 문제로 인하여 심각성이 더해지자 2시간 늘려 현재의 13시간이 되었습니다. 그러나 이 제도는 하루 반나절이면 취득할 수 있는 세계에서 가장 낙후된 살인면허 (?)제도입니다. 이러다보니 매년 중국에서 5,000명 내외가 국내에 단기관광 비자로 입국하여 취득할 정도로 심각합니다. 중국 정부에서 우리 정부에 항의도 했었죠.

운전면허는 모든 도로의 시작점입니다. 2차 사고 예방이나 조치, 난폭과 보복운전 금지 등 다양한 교육을 통하여 공로상에서 다른 사람을 배려해야 합니다.

이웃 일본과 중국도 50여 시간의 교육과 더불어 심도 깊은 교육을 진행합니다. 호주는 2년, 독일은 3년을 경과해야 정식 면허를 발급받을 정도입니다.

운전면허는 다른 사람의 생명을 담보로 하는 살인면허증과 같습니다. 국내 초보운전자가 일으키는 사고는 사망사고를 비롯하여 심각합니다. 해외에서는 우리나라의 면허 제도를 점차 심각하게 보기 시작했습니다. 언제까지 여론의 눈치를 보면서 외면해야 할까요? 대통령이 시작한 만큼 이제는 대통령이 강화를 발표해야 합니다.

VEHICLE
TRAFFIC

60초 쓴소리

2020년

2020.1.12

2020년에 도전한다!

 올해는 작년에 이미 문제가 되었던 각종 문제점을 개선하는 한해가 되었으면 합니다. 국민들에게 직접 피해를 입히거나 억울한 일이 발생할 정도로 문제가 크거나 심각한 규정들도 많습니다.

 항상 말씀드리는 운전면허제도의 개선과 강화는 언급할 필요가 없을 정도로 심각합니다. 또한 이미 도심지 등에서 문제가 되고 있는 전동 킥보드 같은 퍼스널 모빌리티 같은 것은 운행방법이나 반납 등 다양한 문제를 일으키고 있습니다.

 관련 면허 취득이나 안전장구 착용, 보험, 운행방법 등 모든 규정이 무용지물인 상태이죠. 단속할 수 있는 근거도 약하여 아예 포기하고 있을 정도이나 실제로 길거리에는 아무 곳에나 반납하고 보도와 차도 구분 없는 운행이 사회적 문제로 등장할 정도입니다.

앞으로도 더욱 다양한 퍼스널 모빌리티가 등장하는 상태에서 관련된 규정은 극히 부족한 상태이기 때문입니다. 더욱 문제가 커지기 전에 관할 부서의 정리와 이를 총괄할 '퍼스널 모빌리티 총괄법'을 구축해야 한다는 것입니다. 그리고 공유경제의 확산입니다.

작년에 '타다'문제로 인하여 검찰의 기소가 있었고 현재 진행형인 논란이 많은 문제라 할 수 있습니다.

이미 글로벌 시장은 공유경제가 확산되어 미래의 먹거리로 본격 등장하고 있어서 글로벌 공유경제 기업은 천문학적인 주가를 기록하여 글로벌 제작사를 넘긴 회사도 많아지고 있습니다. 더욱 능동적으로 대처하고 미래 확산을 위한 융합모델이 없는 점이 아쉽다고 할 수 있습니다.

공유경제형 규제 샌드 박스에 넣어 말랑말랑하고 유연성이 큰 제도로 정착할 수 있는 정부의 역할이 부족한 만큼 올해는 더욱 유연한 미래 먹거리를 확보했으면 합니다.

몇 가지 언급하였으나 헤아리기 힘든 개선이 필요한 규정과 제도가 넘쳐난다고 할 수 있습니다. 올해는 일선에서 국민을 위한 진정한 규정과 제도가 제대로 만들어지기를 소원합니다.

전기차의 질적인 팽창 시대

올해 전기차의 보급은 더욱 활성화가 기대됩니다. 일반 전기승용차는 약 7만대 보급이고 전기트럭 7천여 대, 전기이륜차도 약 11,000대가 넘습니다. 올해 말에는 모든 전기차가 20만대가 넘는 수치입니다. 수소연료전지차도 올해에만 1만대를 넘게 보급합니다. 이제 단위면적당 전기차 보급이나 충전기가 수가 세계 최고 수준이 된다는 것입니다.

물론 양적인 팽창도 중요하지만 이제는 질적인 관리가 중요해지는 시점입니다. 그 동안 소외된 국민의 약 30%가 거주하는 빌라나 연립주택에도 공공용 충전기가 보급될 수 있는 기반이 만들어져야 하고 충전기도 일반 주유소와 마찬가지로 큰 사거리에서 비즈니스모델이 되도록 현실적인 모델이 되어야 합니다. 도심지 70% 이상이 거주하는 공용 주차장에서의 이동용 충전기 활성화가 더욱 가속화되어야 하고 한전에서 약 6개월 유예한 기본요금 책정도 당연히 없어져야 합니다.

중앙정부에서 충전기 관리 예산을 편성하여 고장 난 충전기 개선이나 충전기의 97%가 없는 지붕을 씌워 내구성과 감전 등에 안전하게 예방하여야 합니다.

전기차 전용 내비게이션을 보급하여 자신에게 맞는 충전기 타입을 쉽게 찾고 용이하게 활용할 수 있는 기반이 있어야 합니다.

이제는 당연히 일선에서 국민이 피부로 느낄 수 있는 질적인 전기차 선진 시스템 구축이 가장 중요한 시점입니다. 정부의 각성을 촉구합니다.

레몬법의 작은 목소리!

작년 1월부터 국토교통부에서는 신차에 문제가 발생할 경우 수리 횟수에 따라 교환이나 환불을 받을 수 있는 획기적인 법안을 마련하여 시행하였습니다. 이른바 미국의 레몬법을 벤치마킹한 한국형 '레몬법'입니다.

소비자가 오렌지로 알고 샀는데 알고 보니 신 레몬이었다고 하여 문제가 있는 자동차를 뜻합니다. 그러나 정부의 자신 있는 출범과 달리 작년 1년간 실제로 교환·환불된 신차는 한 대도 없습니다. 물론 접수된 사안은 공식적으로 1백 건 이상이 됩니다. 이 문제는 예고되었다고 할 수 있을 정도로 매우 미흡하였다고 할 수 있습니다.

무수한 문제가 있으나 크게 3가지가 있습니다. 미국의 사례를 보면 징벌적 손해배상제가 있어서 소비자를 속이거나 축소, 지연 등 다양한 문제에 대하여 가차 없는 천문학적인 벌금과 손해배상이 부담시킵니다. 우리는 당연히 없습니다.

둘째로 자동차의 결함 유무 책임을 제작사가 해결해야 한다는 것입니다. 즉 자사 차량에 결함이 없다는 것을 제작사가 해결하여야 한다는 것이죠. 당연히 우리는 운전자가 직접 결함을 찾아서 입증해야 합니다. 바로 자동차 급발진 문제 등이 100% 패소하는 이유입니다.

세 번째로 미국은 같은 차량에 같은 문제가 복수로 발생하면 공공기관인 NHTSA, 즉 도로교통안전청 등이 움직여 공식적인 조사에 들어갑니다. 제작사는 큰 부담을 가질 수밖에 없습니다.

신차에 문제가 발생하면 바로 나서서 적극적인 보상을 합니다. 우리와 근본적으로 다른 시스템을 가지고 있다는 것이죠.

우리는 어기고 보상을 하지 않아도 쥐꼬리만 한 벌금만 내면 됩니다. 굳이 할 필요가 없다는 것이죠. 제대로 된 레몬법이 되기 위해서는 대대적인 손질을 해야 가능합니다. 현재의 개점휴업을 막을 실질적인 개선을 요구합니다.

코로나19 차단 만전

중국발 신종 코로나 바이러스 문제가 국제적인 문제로 커지고 있습니다. 바로 이웃 국가인 우리나라도 위기상황으로 철저한 방역과 대처를 하고 있으나 완전한 종식까지는 시간이 많이 소요될 것으로 판단됩니다. 당장 자동차 부품을 중국에서 생산하는 국내 제작사에도 불똥이 떨어지고 있습니다.

쌍용차는 자동차용 전선 덩어리인 와이어 하니스 생산을 담당하던 중국 부품사의 생산 중단으로 완성차 제작을 일정 기간 동안 중단합니다. 다른 국내 제작사들도 부품 공급에 대한 집중 점검과 철저한 대비로 국내 생산이 중단되는 일이 없도록 만반의 준비를 해야 합니다. 그 만큼 아직 중국에 의지하는 중국산 부품은 수도 없을 정도로 많다고 할 수 있습니다. 중국 내의 부품사는 물론 중국 내 완성차 진출업체의 생산 중단도 점차 많아질 것입니다.

올해 전반기 국내 경제 상황이 그리 좋지 않은 상황에서 생각지도 못한 악재가 발생하여 누적되는 만큼 경제적 충격에 대한 심리적 안정감을 찾아야 할 것입니다. 벌써부터 국내의 경우도 각종 행사나 모임 등을 취소하고 후반기로 미루는 기업들이 늘어나고 있습니다. 우선적으로 정부의 철저한 대비와 신뢰성 높은 정책으로 국민적 안정감과 신뢰, 그리고 확실한 대비책이 요구되는 시기입니다.

국민 개개인도 자신의 건강을 책임지고 마스크 착용과 개인적 위생을 책임지는 자세가 중요할 것입니다. 메르스 위기를 슬기롭게 극복한 우리인 만큼 경험과 철저한 위생을 바탕으로 이번 위기도 극복할 것을 믿어 의심치 않습니다.

내연기관차 기술에서도 찾아라!

최근의 화두는 전기차 같은 친환경차, 자율주행차 그리고 이를 섞은 공유경제 모델입니다. 이른바 미래의 먹거리라 할 수 있습니다.

우리 경제의 양대 축 중의 하나인 자동차 산업에서 절대로 포기할 수 없는 중요한 분야라고 할 수 있습니다. 당연히 미리 준비하여 선진 모델의 구축에 여념이 없어야 합니다. 상대적으로 내연기관차 분야는 점차 소홀히 대하고 관심이 많이 떨어지고 있습니다. 그러나 내연기관차는 앞으로도 최소 20년 이상은 우리 시장에서 가장 많은 차량을 보유하고 있을 차량이고 아직 현실이라 할 수 있습니다.

그럼에도 불구하고 오직 선진형 미래 기술만을 따지다보니 막상 현재의 먹거리는 소홀히 한다는 것이죠. 아직 내연기관차 기술은 진보할 부분이 많고 주도할 수 있는, 세상에서 통할 수 있는 기술이 많습니다. 즉 친환경을 부르짖는 마당에 배출가스 저감시스템도 0베이스로 추구하는 연구는 각국에서 끊임없으니까요.

최근 방송이나 신문 등 각종 매체에서 내연기관차 기술에 대한 언급은 전혀 하지 않을 정도로 관심이 없어지고 있으나 현실적인 먹거리라는 것입니다. 미래의 20~30년 후도 중요하지만 5년 이내 당장 주도하는 기술도 징검다리 역할을 할 수 있는 먹거리입니다. 정부 등 산·학·연·관에서 더욱 관심을 가지고 남아있는 내연기관차 기술에 관심을 가지길 바랍니다. 지금이 바로 그 시기입니다.

2020.2.23

충전기 기본요금 부과 안된다

작년 말 가장 관심을 끌었던 이슈 중 하나가 바로 전기차 충전기 요금 현실화라고 할 수 있습니다.

수년 간 전기차 충전요금에 대한 할인제도가 일몰되면서 한국전력공사(이하 한전)에서는 충전요금을 현실화하겠다고 선언하였고 올해 초부터 시작하겠다고 선언하였습니다. 그러나 각처의 반발로 문제점이 제기되었고 결국 한전에서는 6개월 유예를 두고 단계적 요금 인상을 발표하기에 이르렀다.

물론 공공용 급속 충전기 요금 인상에 대한 부분은 괜찮다고 판단됩니다. 급속충전기의 목적은 비상과 연계 충전이 목적이기 때문이죠. 그래서 소비자는 심야용 완속 충전기 등을 이용할 수 있도록 정부가 유도하면 됩니다. 일종의 잉여전력 활용입니다.

　그러나 공공적인 측면이나 미래의 민간 활성화라는 측면에서 기본요금 부과는 절대로 용납할 수 없는 정책이라 확신합니다. 기본요금은 사용 유무에 관계없이 단위 전력 당 부과하는 요금이라고 할 수 있습니다. 문제는 사용하지도 않는 충전기에 대한 비용 부과는 있어서도 안되고 생각도 하지 말아야 한다는 것입니다.

　환경부는 충전기를 설치하기 위하여 충전기 확대를 하고 한전은 기본요금 부과가 안되면 충전기 철거를 요구하는 상황입니다. 정부끼리 역행하는 정책으로 막상 망하는 기업은 민간임을 확실히 깨닫고 당연히 기본요금 부과 정책은 철회되어야 합니다.

　대통령도 이에 대한 관심을 가져주길 바랍니다. 미래를 버린다고 할 수 있는 정책이기 때문이죠. 이 시간에도 힘들게 설치한 충전기 시설이 당장 전기차 충전에 사용하지 않는다고 하여 해당 기업은 기본요금을 줄이기 위하여 시설 철거를 하고 있다고 할 수 있습니다. 더 이상 우스운 국가가 되지 않기를 바랍니다.

김필수 교수 칼럼집 **❾**

자동차·교통 60초 쓴소리

초판 인쇄 | 2021년 3월 29일
초판 발행 | 2021년 4월 5일

지 은 이 | 김필수
발 행 인 | 김길현
발 행 처 | (주)골든벨
등   록 | 제1987—000018호   ⓒ 2021 Golden Bell
I S B N | 979-11-5806-513-3
가   격 | 15,000원

이 책을 만든 사람들

편집·디자인	이상호, 조경미, 김선아, 남동우	**제 작 진 행**	최병석
웹매니지먼트	안재명, 김경희	**오프마케팅**	우병춘, 이대권, 이강연
공 급 관 리	오민석, 정복순, 김봉식	**회 계 관 리**	이승희, 김경아

🏣04316 서울특별시 용산구 원효로 245(원효로1가) 골든벨 빌딩 5~6F
● TEL : 도서 주문 및 발송 02-713-4135 / 회계 경리 02-713-4137
            내용 관련 문의 02-713-7452 / 해외 오퍼 및 광고 02-713-7453
● FAX : 02-718-5510   ● http : / www.gbbook.co.kr   ● E-mail : 7134135@ naver.com